Maggie Hegyi

MAMÁ imPERFECTA

Cómo ser exitosa mientras tus hijos te educan

Mamá imperfecta
Cómo ser exitosa mientras tus hijos te educan

Primera edición: abril, 2019

D. R. © 2019, Maggie Hegyi

D. R. © 2019, derechos de edición mundiales en lengua castellana:
Penguin Random House Grupo Editorial, S. A. de C. V.
Blvd. Miguel de Cervantes Saavedra núm. 301, 1er piso,
colonia Granada, delegación Miguel Hidalgo, C. P. 11520,
Ciudad de México

www.megustaleer.mx

D. R. © Penguin Random House / Ordinal S. A. de C. V., por el diseño de cubierta
D. R. © Ordinal S. A. de C. V., por el diseño de interiores y el cuidado editorial
D. R. © Daniel de la Fuente, por la fotografía de la autora
D. R. © Efraín Tirado, por el maquillaje para fotografía

ISBN: 978-607-317-733-7

Impreso en México – *Printed in Mexico*

se terminó de imprimir en los talleres de
Litográfica Ingramex, S.A. de C.V. Centeno 162-1, Col. Granjas Esmeralda.

El papel utilizado para la impresión de este libro ha sido fabricado a partir de madera procedente
de bosques y plantaciones gestionadas con los más altos estándares ambientales, garantizando
una explotación de los recursos sostenible con el medio ambiente y beneficiosa para las personas.

Penguin
Random House
Grupo Editorial

MAMÁ
*im*PERFECTA

A mi familia.

Gracias, Juan, por ser tú. Todo tú.

Para Barbara y Daniela, mi inspiración y mi razón
para tratar de ser mejor cada día. Y, ¿les digo una
cosa? Las amo.

A mi mamá Aurora, gracias por ser mi ejemplo,
mi fuerza y mi soporte. Por ser una abuela
juguetona y amorosa.

A Neto, quien me ha apoyado por tantos años
como un papá.

Para mi papá Frank, mis suegros Lulú, Kiko y Julio,
por todos sus consejos y por ser unos
consentidores con sus nietas.

A mis amigas por todas sus recomendaciones,
que me han ayudado tanto.

Y a ti que me estás leyendo: gracias.

Los niños son LOS ANCLAJES que unen a una madre CON LA VIDA.

SÓFOCLES

Índice

Introducción 11

Angustias 15

Los consejos 23

Ellos son tú 31

El tiempo 39

Autoestima 47

Ilusiones 55

Los roles 65

Sexualidad 73

Acoso sexual 83

Bullying 91

Buleador 101

Paranoia 109

Tecnología 119

Decir adiós 127

Alternativas 137

Adolescencia 147

Sexo hoy 157

Su intimidad 165

Déjalos volar 173

Divorcio 181

La abuela 189

Eres única 197

Introducción

Desde chiquita, decía: «Me voy a casar los 23», y luego dije: «No, a los 28». Finalmente me casé a los 33 y mi primera hija nació cuanto yo tenía 35 años, 12 después de lo previsto.

La madurez te dicta el momento adecuado, cuando tu cuerpo ya está preparado para recibir a un hijo, cuando tú estás dispuesta a modificar todo tu entorno para que tu vida se torne hacia esa personita que decides tener.

Cuando comienzas un noviazgo, ambos piensan: «Nos casamos cuando tengamos dinero», o, ya casados: «Tendremos un hijo cuando mejoren las cosas», pero es complicado tener dinero de sobra. Parece que nunca llegará el momento adecuado, pero siempre viene cuando la vida lo dicta; Dios te lo manda. Así está escrito, así está hecho. ¿Por qué? Porque algo tienes que aprender, porque algo tienes que lograr, porque tienes que seguir un camino. Lo cierto es que, cuando nace un hijo, encuentras tu destino.

Todos gozamos del libre albedrío. Tú decides hacia dónde caminar en la vida, pero quizá un día das una vuelta a la derecha en vez de a la izquierda y encuentras al amor de tu vida, no lo sabes.

Tener un hijo es una manera de encontrarte a ti misma. Es posible que ese niño o esa niña llegue para enseñarte algo;

probablemente a tener más paciencia, o a mostrarte cómo amar incondicionalmente. Cuando llega un hijo, que a lo mejor tiene tus mismos ojos, tus mismos gestos, tu misma sonrisa, encuentras un hermoso reflejo.

Al convertirte en madre sabes que vas a hacer todo lo posible para que ese ser esté bien, para que crezca, para que esté sano, fuerte y sea feliz. Venimos a este mundo a ser mejores, a superar muchas trabas; a veces nos preocupamos por cosas banales, pero la verdadera felicidad está ahí, cuando abres los ojos y te encuentras con la mirada de tu bebé.

No existe una guía para ser mamá, pero sí puedes prepararte para iniciar una gran aventura. La vida cambia, es cierto. Antes, un viernes a las 10 de la noche estabas arreglándote para salir al antro, y quizá hoy estás saliendo al súper. Las cosas se modifican, pero ¿no es el cambio el factor principal para evolucionar?

No hay un libro mágico que contenga todas las eventualidades de ser padre o madre, aprendes sobre la marcha, de la experiencia y de los consejos. Cada niño es diferente, a lo mejor aprendes a tener más fuerza, a comer a deshoras, a que te sepa rico un huevo frío; aprendes a ir al baño mucho más rápido de lo que acostumbrabas, a ser multitarea, a escribir en la computadora mientras vigilas que tu hijo coma y a contestar el teléfono mientras haces todo, pero a estar preparada, no. No hay manera.

Los papás cometemos muchos errores: los gritos, los enojos, probablemente la nalgada, la desesperación cuando se enferma un pequeño y no sabes qué tiene.

Este libro es un almanaque de amor, es la puerta de entrada a otra dimensión, a un mundo de cariño incondicional.

Disfruta estas páginas, goza siendo madre sin dejar de ser esposa, profesionista, mujer y triunfadora. Deja que tu corazón salga de tu cuerpo y se acurruque en la sonrisa de tu bebé.

Cuando decides ser mamá, le das permiso a tu corazón para salir de tu cuerpo.

Tú, tranquila

Los cambios dan miedo, y no hay mayor cambio que ser mamá. Respira hondo y disfruta de tu bebé.

A veces, cuando sabes que serás mamá o papá, piensas que vas a ser la más angustiada del planeta, y no sabes cómo reaccionar ante las cosas que se presentan sobre la marcha. Tengo varios amigos que no se atrevían a dejar encargado a su bebé —porque, a causa del trabajo, no queda de otra— y, ahora, se sienten como peces en el agua. Tienes que agarrar al toro por los cuernos. Yo pensaba que iba a ser una mamá súper relajada, y no, soy una mamá sargento a la que le cuesta mucho trabajo bajarle dos rayitas.

Conforme conoces la nueva
situación, tienes más confianza
en ti y en otras personas,
ya sea la guardería o un
familiar. Aprende a soltar.

TODO PASA

Los primeros días en casa, después del parto, yo volteaba todo el tiempo para ver si mi bebé estaba respirando. Mi esposo llegó a ponerle a la niña el típico espejo bajo su nariz para comprobar que estaba respirando. Pero a los dos meses ya ni te acuerdas de eso. Y no es que ya te valga, es que la vida es sabia y, como dicen, «todo pasa».

Para el segundo bebé ya no le pones el espejo, lo tomas con más tranquilidad. Vas agarrando confianza en ti mismo y te relajas un poquito. Y para el tercero, ni te cuento.

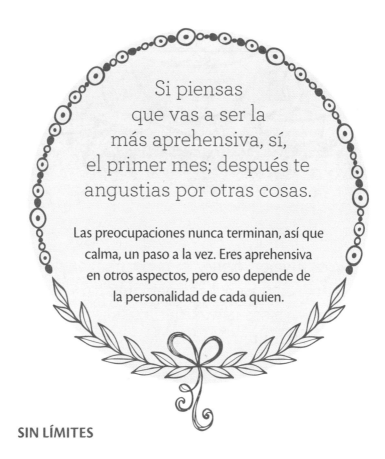

Si piensas
que vas a ser la
más aprehensiva, sí,
el primer mes; después te
angustias por otras cosas.

Las preocupaciones nunca terminan, así que
calma, un paso a la vez. Eres aprehensiva
en otros aspectos, pero eso depende de
la personalidad de cada quien.

SIN LÍMITES

Los hijos retan tus límites todos los días… y tu paciencia: el berrinche, el no dormir, el no quiero comer, la pelea entre hermanos y lo que se te ocurra. Siempre hay retos nuevos. Mi desafío más importante es la paciencia. Y no se diga cuando crecen y no quieren hacer la tarea.

Respira antes de actuar, porque los niños pueden sacarte de quicio en determinadas situaciones: te ponen a prueba y tienes que responder de la mejor manera. Si te desquitas con ellos, los lastimas y van quedando huellitas emocionales que los marcan y deterioran tu relación con ellos.

CONFÍA EN TI

Cuando eres mamá, comienzas a darte cuenta de que eres capaz de hacer cosas que nunca creíste, como acostarte en la cuna de tu bebé para que se duerma, como ver una popó ajena, como cambiar un pañal, como encontrar pipí en tu cama o que te vomiten encima, sin tú vomitar enseguida. Todo se tiene que normalizar, y mamá y papá deben mantener la calma —en la medida de lo posible—, pues esas personitas dependen de ellos, son la mejor responsabilidad de mundo.

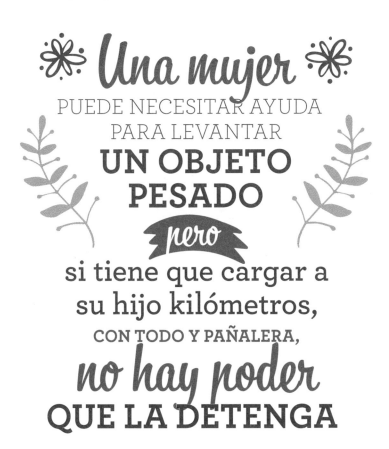

Una mujer PUEDE NECESITAR AYUDA PARA LEVANTAR UN OBJETO PESADO pero si tiene que cargar a su hijo kilómetros, CON TODO Y PAÑALERA, no hay poder QUE LA DETENGA

TIEMPO FUERA

Ok, eres doña Angustias, ahora ¿qué vas a hacer?

Un bebé es un ser nuevo en este mundo y necesita de todos tus cuidados, sin exagerar. Tú eres su salvavidas.

¿Tienes todo lo necesario para proteger a tu pequeño? Haz una lista de las cosas indispensables para armar un botiquín para el bebé (consulta a tu pediatra).

....

....

....

....

Si tu bebé necesita algún cuidado extraordinario, ¿a quién vas a llamar? ¿Al doctor? ¿A tu abuelita? ¿Tienes los números?

En este espacio reúne los números telefónicos y todos los datos de las personas con quienes necesitarás hablar para pedir una consulta eventual.

....

....

....

....

Tu pequeño merece todos los cuidados del mundo, pero sin angustia.

LOS CONSEJOS

Aprende todo

Todos los consejos son
bienvenidos, tú decides si
los aplicas, depende de la
experiencia con tu bebé.

En tu familia te dicen que hagas esto o lo otro, mientras tu suegra opina lo contrario. Yo tengo una muy buena suegra, aunque
habrá muchas que no. ¿Qué hacer? La clave es no meterse sino
apoyar y aconsejar, que es diferente. Cuando nació mi primera
hija, mi suegra se quedó en mi casa dos meses; desde que llegó
me dijo: «Yo vengo aquí para ayudarte, no para ser una carga».
En ese momento pensé que me había ganado el cielo, pues jamás
fue invasiva, al contrario. Y ésa es la clave.

Cuando eres mamá, las opiniones
llegan de todo el mundo, y
hay quienes reciben tantas,
y tan contradictorias, que
quieren que las dejen en paz.

LA BUENA FE

Nadie te da consejos en mala onda (espero), aunque a veces son
tantos sobre lo correcto o lo incorrecto que hay que poner una
barrera. Las recomendaciones no son para molestarte. No puedes
coartar a quien es bueno contigo. Quizá uno de diez consejos te
servirá. Por ejemplo, cuando estás amamantando, las primeras
veces el pezón se rompe, pues no está acostumbrado y duele
horrible. Muchas tiran la toalla. Algo que jamás te dicen, ni en
el hospital ni el doctor, pero sí la abuelita, es que limpiando el
pezón con la misma leche, cicatrizará.

Como estás
desesperada
haces todo lo que
te dicen, a pesar de
que parezca absurdo.

Si eres mamá primeriza, no sabes ni por dónde
organizarte y te caen consejos
por cada flanco. La guía de alguien que
te quiere pude ser oro molido.

CON CUIDADO

Si bien cada una de las recomendaciones que te dan viene cargada de buena vibra, puedes encontrarte con creencias que sean un mito, e incluso peligrosas.

Pregúntale al pediatra, seguramente él tendrá opiniones certeras sobre lo que es adecuado en el cuidado de tu bebé. Él posee los conocimientos y las bases científicas para darse cuenta si un consejo es seguro, o no. Cada cuerpo es distinto, cada hijo es diferente, y lo que a una mamá le funciona puede que a ti no te sirva. Es importante ser prudente y rechazar con amabilidad si crees que algo no es adecuado para ti.

TU PROPIA MANO

Cada bebé es distinto, lo que le sirvió a tu primer hijo puede no funcionar con el siguiente. Incluso las cosas cambian si tienes niño o niña: la manera de limpiarlos, por ejemplo.

No hay fórmulas mágicas, guíate con el método de prueba y error, pero sin intentar algo muy osado que pueda lastimar a tus pequeños. Quizá ahora tú puedas dar consejos, ya que serás experta.

MUCHO OJO

Escucha, medita y aprende, pero nunca olvides sonreír y dar las gracias.

RECIBE LAS OPINIONES con una sonrisa. Recuerda que un consejo es una caricia.

NO SEAS GROSERA. Quienes te brindan su sabiduría traen consigo buena vibra.

DA LAS GRACIAS y sé prudente con lo que te dicen. Nadie nace sabiéndolo todo.

TIEMPO FUERA

Los consejos son lluvia de sabiduría. Comparte tu experiencia.

¿Te dijeron que hicieras cosas muy extrañas para distintas situaciones? ¿Opiniones que ni loca hubieras contemplado?

¿Cómo te fue? Tal vez, a pesar de todo, esos consejos fueron útiles. Escribe algunos tips que te salvaron la vida al convertirte en mamá.

....

....

....

....

Algunos consejos parecen muy prudentes, pero muchos no tienen fundamento, o simplemente no te funcionaron.

Sé prudente al seguir cada práctica que te comentan. Escribe algunas opiniones que no sirvieron de nada o que sólo te parecieron un mito.

....

....

....

....

Ahora que eres experta, comparte con amor tus experiencias con otras mamás.

ELLOS SON TÚ

Tú eres ellos

Eres el modelo a seguir
y el ejemplo para formar
emocionalmente a una
personita: ¡qué miedo!

Una vez había un señor con su bastón tratando de cruzar la
avenida y yo lo tomé del brazo y lo ayudé a cruzar. Mis hijas me
voltearon a ver, como preguntando qué pasaba. Les comenté:
«Cuando alguien necesita auxilio, es importante que tú lo apo-
yes, si está en tus posibilidades». Hace una semana, mi hija mayor
me dijo: «Mami, ahí está el mismo señor, hay que ayudarlo». Casi
lloro de la emoción. Ella lo agarró del brazo y lo cruzó. A fin de
cuentas, esas son semillas que plantamos en nuestros pequeños.

Tus hijos absorben todo lo que
haces. Si tú tiras basura en la calle,
los niños tirarán basura; si tú das
las gracias, ellos serán agradecidos.

TU REFLEJO

No puedes decirle a tu pequeño que no diga groserías cuando
papá y mamá se la viven haciéndolo, o regañar a un adolescente
cuando lo descubres fumando, y el papá es una chimenea. Predica
siempre con el ejemplo.

Ser mamá te convierte en modelo de muchas cosas, para el
bien y para el mal. Si deseas hacer las cosas correctamente, genera el bien alrededor de ti. Si quieres un mejor país para tus
hijos, comienza contigo. Si tú ayudas a un invidente a cruzar la
calle, ellos en un futuro van a ayudar a alguien.

Ser ejemplo

Cuando eres soltera y no tienes compromisos, puedes cometer muchos errores y pagar las consecuencias, o no, pero ahora hay alguien más a quien cuidar.

Tu manera de hacer las cosas es un lenguaje, una forma de comunicarte, a otro nivel, con tus hijos. Ellos responderán también a esas señales que les envías. Así que no hay que ir a la «izquierda» si quieres que tus pequeños vayan a la derecha. Cuando los padres actuamos hacia el exterior podemos cometer errores inconscientes, por eso es importante poner atención en cómo tratamos a los demás, cómo nos comportamos en la calle, en el tránsito o bajo circunstancias estresantes. Todo eso también afecta la educación emocional de los niños.

PIENSA BIEN

¿QUÉ LES ENSEÑAS?

Si no quieres que tu hijo mienta, tú no lo hagas. No digas mentiras pensando en que, si no te cachan, no hay problema.

Muchas veces, minimizamos lo que creemos que los niños pueden comprender y procesar, pero ellos entienden todo, y lo razonan de acuerdo con su edad.

Si tú le gritas enojada a un niño que lo amas, poniendo cara de enojo, el significado de una palabra tan linda se pierde en el tono en el que lo expresas y el pequeño lo tomará como agresión.

Así que, si tu hijo te cacha diciendo mentiras, a la larga sentirá que mamá es mentirosa. Si su papá le da dinero al policía, le está diciendo: «Las leyes no son buenas y la corrupción está bien». Una acción se deriva en muchas consecuencias. Acciones buenas derivan en resultados buenos.

ADENTRO Y AFUERA

Si tú quieres un mundo sin contaminación, empieza no tirando basura, cuidando el agua, separando los desperdicios. Es importante mostrarle a tus hijos que no sólo hay que comportarse bien y seguir las reglas dentro de la casa, también en la calle, y hasta con las personas de más confianza. Así los ayudarás a ser congruentes y personas de bien bajo cualquier circunstancia. Quien tiene educación lo demuestra siempre, así que recuerda que tú eres el ejemplo a seguir.

TIEMPO FUERA

Espera, detente y reflexiona sobre nuestra plática anterior.

¿Estás segura de que nunca le has dicho una mentira a tu hijo pensando que no entiende y no te descubrirá?

Piénsalo bien, recuerda que mentirte a ti misma no está nada bien. Escribe a continuación una solución sincera para ese problema, sin tener que mentir.

....

....

....

....

Observa a tus pequeños, mira cómo proceden con la gente a su alrededor y encuentra esas actitudes buenas.

Escribe aquí qué cosas han aprendido tus niños de ti y que te hacen sentir una mamá orgullosa.

....

....

....

....

Siembra en tierra fértil una semilla fuerte y obtendrás una raíz poderosa.

EL TIEMPO

Duerme ahora

El cambio te hace madurar
a fuerza y la maternidad,
mucho más. Tu crecimiento
se nota siempre.

Cuando te miras en el espejo después de tener a tu bebé, te ves más madura. De hecho, hasta en las fotografías te ves distinta: sin importar tu edad. No tiene que ver con los años, lo que sucede es que tu semblante refleja que vas evolucionando.

Algo emana de ti, es una energía protectora, de estabilidad, de pies en la tierra, como si tu luz quisiera abrazar al universo y el mundo deseara manifestarse a través de ti.

La famosa canción de Denisse
de Kalafe dedicada a las
madres dice: «Valiente en tu
casa y en cualquier lugar». ¡Y
es que no te queda de otra!

FUERTE A FUERZA

Al ser mamá te vuelves protectora, tienes que ser valiente para defender a tus hijos y para entrarle a todo. Es como en el video de la hembra leopardo que protege a un bebé chango que cae al suelo: son razas diferentes, pero es el instinto lo que se impone cuando una mujer es mamá.

Si una chica de 15 años fuera caminando por la calle con niños a un lado y algo sucediera, se protegería primero a sí misma. A esa edad no se está lista para ser mamá. Pero luego de ser madres, muchas mujeres lo primero que haríamos sería proteger a los pequeños.

Leona dormida

El famoso instinto maternal y protector te cambia la vida por completo, independientemente de que hayas planeado ser mamá o hayas «metido la pata».

Cuando tienes hijos, no vuelves a dormir igual. Ahora, con cualquier ruido abres el ojo. Conforme pasa el tiempo duermes menos, pues si con un recién nacido te tienes que levantar para darle de comer o cambiarle el pañal, espera que después aparecen nuevas inquietudes. Empiezan las pesadillas y los niños se pasan a tu cama; llega la adolescencia y tampoco duermes porque quieren salir y tienes que ir por ellos (luego ya no quieren que vayas y te quedas preocupada); cuando son adultos se casan, se divorcian, pierden el trabajo, salen de viaje, etcétera.

TIP PARA PAPÁS

SU SUEÑO ES SAGRADO

Cada noche sin dormir, a la edad que sea, es una oportunidad para reforzar los lazos emocionales con tu pareja.

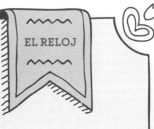

EL RELOJ

El tiempo es la clave de un montón de cosas, y en el asunto de ser mamá, también: haz tiempo para ti.

Soy una mujer feliz, tengo a la familia que quiero, al esposo que quiero, unas hijas sanas. Tengo dos trabajos: mis hijas y los medios de comunicación, pero todo a su tiempo.

Cuando los niños son pequeños requieren atención para que se sientan protegidos y amados. Al crecer, necesitan tu apoyo para gatear, caminar, dejar el pañal, dormir solos y aprender; todo gira en torno a ellos. Cuando entran a la escuela ya tienes un par de horas más para ti, pero ellos siguen moviendo las manecillas de tu reloj.

CANTIDAD Y CALIDAD

Puedes estar con tus hijos cuatro horas jugando, poniéndoles atención o haciendo la tarea, pero también puedes estar catorce horas en el teléfono o la computadora y se sentirán solos. Juega, embárrate, deja que te maquillen. Mis hijas me han pintado bigotes, pero esos diez minutos las hace felices y eso se les va a quedar en la memoria, a diferencia de que yo esté viendo la tele o platicando con alguien. Lo importante es el tiempo de calidad, pueden ser quince minutos, una hora, cuatro o todo el día.

TIEMPO FUERA

Los niños crecen
rápido, no te
los pierdas.

Muchas mujeres no pelan tanto a sus hijos porque tienen muchas cosas que hacer. Noticia: ellos son la principal ocupación.

Organízate, mira tu agenda y haz aquí una lista de cosas que puedes cancelar para dar ese tiempo a tus pequeños. Aunque sea poco, pero de calidad.

....

....

....

....

Cada niño es único, les gustan distintas cosas y tienen diferentes aptitudes, pero todos tienen en común que te necesitan.

Un reto: lee con tus hijos cada noche. Que no lo vean como tarea u obligación. Haz una lista de libros que crees que les puedan gustar.

....

....

....

....

Dales tiempo y el tiempo te lo agradecerá.

¿Cómo te ves?

¿Cómo modifica el ser
madre la autoestima de
una mujer? Dicen que la
maternidad es mágica... ¿Sí?

Como siempre, todo depende de cómo te va en la feria. Cuando
recién eres mamá, traes las hormonas como en una rueda de
la fortuna: suben, bajan, suben, bajan. A algunas puede darles
depresión posparto muy grave, y no es que estén locas, lo que
pasa es que la química del cuerpo puede trastornar la vida
de una persona, hasta que se reajusta. La depresión posparto
puede ser muy fuerte en algunas mujeres. Yo sólo estuve triste
un día, y lloré, pero al siguiente todo estaba perfecto.

Mi nutrióloga me dijo que en
el último trimestre hay que
comer mucho salmón y bastante
atún. El pescado es caro, pero
hay pastillas de omega 3.

UN TIP

La ingesta de omega 3 durante el embarazo y la lactancia ejerce un papel fundamental, sobre todo en el sistema nervioso. Las mujeres que viven en la costa y consumen mucho pescado sufren menos de depresión posparto.

Según la Organización Mundial de la Salud, la administración de suplementos de aceites marinos es un posible método para prevenir la prematuridad y la eclampsia, para incrementar el peso del niño al nacer, mejorar el desarrollo cerebral y disminuir el riesgo de parálisis cerebral y de depresión puerperal.

¿Cómo te sientes?

Estuviste 9 meses en otra dimensión, hermosa y mágica, pero también se te hincharon las piernas, te salieron várices y celulitis por falta de circulación.

Tal vez tu autoestima se fue al piso: el busto crece, la ropa no ajusta y la panza queda toda aguada, hasta que regresa a su posición (mínimo 40 días), pues durante el embarazo los órganos se acomodan de forma distinta. Cuando tienes un bebé viene la falta de sueño, y auméntale la mezcla de hormonas, de emociones, y ya que lo tienes enfrente, crece la presión por cuidarlo, porque el papá sí lo verá y le cambiará el pañal, pero tú tienes que darle de comer a ciertas horas. Quizá te ves en el espejo y no eres la más bella.

CONSEJO PARA PAPÁS

NO LA ARMEN DE TOS

Estamos reajustándonos. Con un detallito hagan la diferencia, y no sólo después del parto sino siempre.

SIN MAGIA

El pensamiento romántico y hasta cursi dice que «cuando te ves reflejada en los ojos de tu bebé, todos los males desaparecen por arte de magia».

Y sí, es lo más hermoso, pero el cansancio no se va y las estrías no desaparecen por esa magia desconocida. Una cosa es el amor que le tienes a tu hijo, y otra la realidad objetiva de tu reflejo. Claro que esa imagen merma la autoestima, pero no es para siempre. Poco a poco puedes elevarla; es tu responsabilidad tratar de sentirte mejor. Siempre apóyate en tu pareja, en tu mamá o en tus amigos, y si ves que de plano no puedes, busca ayuda, no tiene nada de malo, al contrario.

NO HAY RECETAS

Cada embarazo es distinto. Contra las hormonas no se puede, no sabes cómo va a reaccionar tu cuerpo con el primer hijo o con el noveno. Por ejemplo, durante mi primer embarazo no tuve náuseas, pero en el segundo, ¡Dios mío! Lo que hace la diferencia es que ya estás más madura y tienes mayor experiencia, y si a eso le sumas una pareja que ha crecido contigo, mejor, pues el aprendizaje y la conciencia ayudarán a que tu autoestima no sufra tanto como cuando eras primeriza.

TIEMPO FUERA

Abre tu corazón
y di siempre
lo que sientes.

**Es importante que tu pareja te diga
que te ves bonita, te consienta y ayude.
Estos detalles hacen la diferencia.**

Escribe un carta para el papá de tu bebé (esté presente o no).
Hazle saber cómo te sientes, qué necesitas, y dásela a leer, luego
pégala aquí.

Imagina que tu mamá te da una carta que escribió tras tu nacimiento. ¿No sería lindo saber qué pensaba luego de tenerte?

Ahora escribe unas líneas para que tu hijo o hija las lea cuando sea mayor, así sabrá todas las emociones por las que has pasado en este tiempo.

....

....

....

....

Eres un milagro capaz de dar vida. ¡Ámate mucho!

Verdad

Cada ilusión que fomentas
en tus pequeños en un acto
de amor es una semilla
plantada en tierra fértil.

La fantasía de los niños es algo que, a nosotros como papás, nos
ilusiona también, eso nunca se debe perder; mejor sin mentir
en el aspecto directo. La línea que divide la realidad de la fantasía —o de la mentira— es un asunto serio. Te puedes dar cuenta cuando tus niños te comienzan a preguntar el porqué de las
cosas, no sólo sobre la naturaleza, también sobre el Ratón de los
dientes, Santa Claus y los Reyes Magos. Entonces llega el momento en el que tienes que decir, o, mejor dicho, explicar la *verdad*.

No coartes las ilusiones de tus
pequeños nada más porque
ya no quieres gastar o porque
consideras que ya están grandes
para seguir creyendo en algo.

ESPERANZA

Cuando los niños crecen no pierden sus ilusiones, éstas simplemente cambian de naturaleza. Para los niños, que llegue Santa Claus o los Reyes Magos es algo hermoso. Yo soy de la idea de que debemos fomentar esa fantasía en un grado sano, así los enseñarás a tener esperanza, y ésa es una de las mejores herencias.

Cuando te pregunten: «¿Tú conoces a Santa Claus?», pues di: «Sí, sí lo conozco", no estás mintiendo, porque te conoces muy bien a ti. Cuando les tengas que explicar la *verdad*, hazlo de la mejor manera posible.

El Ratón de los dientes

Cuando se le cae el primer diente a un hijo se siente una gran emoción, porque estás compartiendo esa fantasía: eres un niño que vuelve a la infancia.

También es normal sentir una extraña tristeza y hasta derramar una lágrima, porque te das cuenta de que tus hijos están creciendo, ya no son unos bebés. Es un sentimiento medio raro. Y eso que sientes es totalmente normal.

Y lo contrario pasa con los niños, ellos se ponen felices porque sienten que están creciendo, que son grandes, que ya están maduros, y todo el tiempo piensan en qué les va a traer el Ratón. Casualmente te hacen caso en todo, porque piensan que el Ratón no les traerá nada si desobedecen.

PAPÁ, ¿QUIERES SER SÚPER?

SÉ UN HÉROE SIEMPRE

Papá, habla con el Ratón para que te guarde los dientes y tus hijos los vean cuando sean grandes.

LA PUERTITA

Yo puse una puertita dibujada a un lado de la ventana de mi niña para darle la bienvenida al Ratón; le pusimos una escalerita. Mi hija le dejó una galleta.

Le dije: «Tú vas a soñar y te vas a dar cuenta en tu mente quién vino, si el Ratón o el Hada de los dientes». Y cuando pasó la noche, ella se despertó y en automático gritó: «¡Vino el Ratón! Yo lo sentí, sentí que era un ratón». Le dejó su dinerito y está feliz.

Para los papás es un recuerdo muy importante cuando los niños crecen, y guardar los dientes, además, es útil, porque traen información genética que podría servir para curar alguna enfermedad en el futuro.

LA VERDAD

La ilusión es parte del crecimiento. Si tus hijos tienen dudas y te preguntan sobre algún tema en específico, mi recomendación es decir siempre la verdad. La inocencia de un niño va de la mano con la ilusión. Hay ilusiones que simplemente maduran. Los papás creamos muchas ilusiones por amor, no por mentir. Desafortunadamente, conforme crecemos, se van perdiendo. Que se te quede en la memoria la cara de felicidad de tus hijos cuando despiertan y ven lo que les trajo el Ratón.

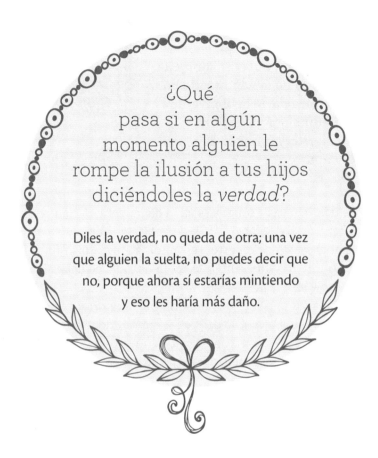

¿Qué
pasa si en algún
momento alguien le
rompe la ilusión a tus hijos
diciéndoles la *verdad*?

Diles la verdad, no queda de otra; una vez
que alguien la suelta, no puedes decir que
no, porque ahora sí estarías mintiendo
y eso les haría más daño.

SIN ENGAÑOS

Como padre, lo peor que puedes hacer es mentirle a un niño
con alevosía y ventaja. Una cosa es seguir con una ilusión y otra
es decir falsedades. Si les dices la verdad, estás ayudando a que
confíen en lo que les dices, les das la seguridad de saber que tienen padres firmes. A mí, de chiquita, me enseñaron que no ne-
cesito firmar un contrato para ser firme; si veo a una persona a
los ojos y digo que voy a hacer algo, lo hago, y eso es lo que yo
espero de la otra parte. Es rectitud, es honestidad, es lealtad, es
ser congruente.

A MEDIAS

Una verdad a medias no es una verdad, está más cerca de una mentira. Al enseñar eso a nuestros hijos les hacemos saber que su palabra es fuerza.

Entonces, si llega alguien en la escuela y le dice que el Ratón no existe, y tú, como mamá, le sueltas un cuento chino, tarde o temprano dudará de tu palabra. Explícales que los padres mantienen esa ilusión como un acto de amor.

LAS ILUSIONES que mantienes **VIVAS** en tus **HIJOS** son recuerdos que, cuando sean **ADULTOS,** SE CONVERTIRÁN EN *sonrisas*

TIEMPO FUERA

La fantasía de
tus hijos es un cofre
del tesoro.

Cuando eras pequeña seguro también tenías un montón de ilusiones que te hacían muy feliz. Recuerda el Día de Reyes o la Navidad.

¿Cómo podrías guardar para siempre la alegría de tus pequeños en un momento de fascinación? Tómales fotos, atesóralas y escribe aquí qué sentiste.

....

....

....

....

El momento en el que los hijos crecen puede ser un drama o un motivo para celebrar, eso depende de ti y de cómo lo tomes.

Escribe tres de tus recuerdos sobre los Reyes Magos, Santa o el Ratón. Cierra los ojos, siéntelos y escríbelos. Ponles todo el cariño.

....

....

....

....

Cuando fomentas la ilusión de un niño, educas a un gran adulto.

LOS ROLES

Equilibrio

Vivimos en la época de
la equidad de género
y la educación es la
herramienta para erradicar
ciertas deficiencias.

Las mamás cometemos errores al criar a nuestros hijos, es natural, no existe un manual para hacerlo; sin querer podemos convertirlos en unos flojonazos o inútiles, y aunque parezca increíble, hoy en día también replicamos tendencias de comportamiento de eso que se llama *machismo*, y no importa si son niños o niñas, igual pecamos. Al dejarlos que hagan sus camas, recojan sus platos y ayuden a lavar los trastes les estás enseñando que tienen que ser responsables, sin importar el género.

Ayudar en casa no es obligación
sólo de la mujer ni degrada
la masculinidad de los
hombres, al contrario: todos
vamos en el mismo barco.

EQUIPO

La familia es una unidad, tiene que protegerse y tiene que cuidarse; no todas las cosas las tiene que hacer mamá o papá. Si yo me encargo de la comida, mis hijas me ayudan a poner la mesa y mi esposo a recoger los platos. No estoy a favor de que las mamás inculquen que, nada más por ser hombres, no puedan tender su cama o cocinar. Y eso aplica para todos: los papás también pueden cambiar pañales.

Fomentar estas acciones es parte de la educación sentimental, pues un pequeño consciente de la equidad será un mejor adulto.

Seguir patrones

Los niños son esponjas y observan
todo lo que hacen sus padres;
si los enseñas desde chiquitos,
lo verán como algo normal.

Si tienes una casa toda tirada, los niños la van a tirar, pero si tienes una casa ordenada, ellos ayudarán con sus juguetes, es parte de la responsabilidad que tú les vas dando. Lo que aprendan en su hogar lo reflejarán cuando tengan uno propio.

La forma como el papá trata a la mamá, y viceversa, crea un patrón que los pequeños van a reproducir cuando sean grandes. Si quieres cambiar las cosas, cambia tu casa para tener un futuro diferente, pero lo tienes que hacer desde la raíz.

QUERIDOS PAPÁ Y MAMÁ
¡ESTE PAÍS CAMBIARÁ DESDE CASA!
Ustedes están forjando el presente y el futuro de un mundo al que le urge una sociedad responsable, ética e igualitaria.

> Estamos muy en contacto con el mundo exterior a través de los medios electrónicos, donde la violencia y el machismo se normalizan.

Es importantísimo vigilar lo que están viendo tus hijos y explicarles todo. Si te das cuenta de que tu hijo o tu hija repiten lo que ven en los medios, explícales que muchas veces no son las fuentes de información correctas, que las personas que suben un meme machista o violento tendrán razones, pero que ese contenido lo único que está haciendo es meterle imágenes que no necesita en su cerebro. Pero, sobre todo, tú no repliques ni tomes como chiste esas cosas.

EQUIDAD

La familia es el núcleo de la sociedad y es por eso que desde ahí tienen que inculcarse valores como la equidad, sin radicalizar las cosas, sin prejuicios machistas, pero sin actitudes que generen violencia contra el género complementario. Vivimos en la época del lenguaje inclusivo, pero lo más importante es enseñar a nuestros hijos una ética impecable.

TIEMPO FUERA

¿Estás criando
niños machistas?
¿Segura?

Si tu hijo varón le dice a una niña que ella tiene que hacer la limpieza de la casa o alguna frase parecida, ¿qué haces?

A Nada, son cosas de niños y seguro ya se les pasará.

B Lo festejas, tu hijo es hombre y la niña tiene que aprender su rol.

C Le explicas que las personas son todas iguales, sin importar su género.

**Si tu hijo comienza a llorar por cualquier situación
y su papá le dice que los machos no lloran,
que parece niñita o alguna cosa similar:**

A Apoyas a su padre porque no le puedes
quitar autoridad.

B Te quedas callada y sumisa, no te vaya
a tocar a ti también.

C Buscas el momento adecuado para hablar
con el pequeño y con el padre por separado.

La familia es un
equipo, la sociedad
es nuestro mundo.
¡Salvemos al planeta!

El gran tema

Los niños van creciendo y preguntando cosas más complejas. ¿Tú de qué color te pones cuando empiezan a hablar de sexualidad?

Este tema siempre nos pone entre la espada y la pared, pues muchos crecimos mirándolo como tabú, ya que la generación de nuestros padres, por lo menos en México, no era tan abierta. No debería ser así, la sexualidad es parte de la vida y del crecimiento. Mientras les des a tus hijos la información adecuada y correcta, todo estará bien. Hablar con ellos sobre sexualidad les puede salvar la vida, evitando un acoso o un abuso, un embarazo no deseado o una enfermedad venérea.

Si tus hijos saben como se llama
cada cosa, estarán conscientes
de su cuerpo y no podrán
engañarlos. Que se conozcan
por dentro y por fuera.

LAS COSAS COMO SON

Háblale a tus hijos con las palabras correctas, diciéndole: éste es tu pene o ésta es tu vagina, pues esos son los términos reales y científicos. No los confundas diciendo que es su *cuevita*, su *manguerita*, su *pilín*. Se llama pene, se llama vagina, éstos son los pezones, éstos son testículos: así se llaman las partes sexuales.

No estás faltando a la moral, nadie te va a lavar la boca con jabón. ¿Por qué tendrían que darnos miedo los términos si son adecuados?

La información

La plática de las florecitas y las abejitas ya no aplica. Hoy los jóvenes están expuestos a todo tipo de información, es mejor que venga de ti.

Yo nunca he manejado términos vagos ni metáforas ambiguas. Desde que era chiquita, a mi hija le empecé a decir que son sus *partes privadas*, y nadie tiene que tocarlas ni verlas. No se llama *colita*, es vagina, hay que llamarla por su nombre, de esa manera les quitas el miedo a hablar de su sexualidad, porque no falta algún enfermo que les diga que vayan a lo oscurito, pero si tú les das la información correcta a tiempo, los estarás lanzando al mundo con una herramienta más para defenderse de un abuso o de un exhibicionista.

SOMOS PAPÁS PIONEROS

¿HOMOSEXUALIDAD, ABORTO?

Nuestra generación se enfrenta a temas que quizá nuestros papás ni siquiera tomaban en cuenta, pero son reales.

Los tiempos cambian, hay nuevas preferencias, y cada vez más diversas. Como papás tenemos que estar en el presente.

Debemos saber a qué se van a enfrentar nuestros hijos, tratar de estar un paso delante de ellos para poderles explicar qué es lo que es. Si tu hijo ve a un chavo tomando la mano de otro chavo, te va a mirar con cara de interrogación y ¿qué le vas a decir?, ¿vas a aventarte la tontería de que son maricones o cosas peores? Hay que exponerles que se aman, se quieren mucho, o que simplemente se gustan. No des información no solicitada, porque puede malentenderse, todo a su tiempo y todo a su edad.

TÚ PRIMERO

Soy de la idea de que tienes que explicar todo a los niños con la verdad, con las palabras adecuadas a su edad, no tienes que darles información de más y escuchar lo que te preguntan para que comparen lo que escuchan por ahí, en la escuela, en la televisión o en la parada del camión. Es importante que tú seas su fuente de información principal y les expliques que en el mundo hay gente que tiene diferentes explicaciones de las cosas, pero que su familia siempre les hablará con la verdad.

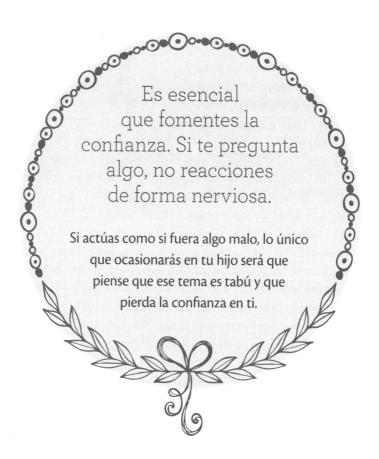

Es esencial
que fomentes la
confianza. Si te pregunta
algo, no reacciones
de forma nerviosa.

Si actúas como si fuera algo malo, lo único
que ocasionarás en tu hijo será que
piense que ese tema es tabú y que
pierda la confianza en ti.

FIRMEZA Y CLARIDAD

Tarde o temprano vendrán las preguntas *incómodas* y nosotros
debemos estar preparados para contestarlas de forma correcta
y sin titubeos. Para los niños pequeños, las respuestas sencillas y
breves son siempre las mejores. Es muy importante el tono en
el que dices las cosas, por ejemplo, si tu pequeño quiere saber
de dónde vino, tu respuesta puede ser: «Te formaste en la panza de tu mamá y ahí creciste hasta que estuviste listo para nacer».
Los expertos recomiendan que llames correctamente a las partes
del cuerpo.

NO TOCAR

Hay muchísimos libros que te pueden ayudar a entender un poquito más sobre la sexualidad con los niños. Es muy importante que desde pequeños les expliques la importancia de la intimidad de su cuerpo, que sus partes privadas son suyas y nadie las puede tocar, ni mamá, ni papá, ni los amiguitos, ni primos, ni tíos: nadie. ¡Sus partes privadas son suyas!

LA MEJOR FORMA DE
CUIDAR A
tus hijos
ES MANTENIÉNDOLOS
INFORMADOS

TIEMPO FUERA

Protege a tus pequeños
en cuerpo y alma,
son tu tesoro.

**Si tu hijo acusa a un familiar, un amigo o un maestro
de sobrepasar los límites de su intimidad con
tocamientos indebidos o palabras inadecuadas:**

A No le crees y dices que miente,
que tal persona es incapaz.

B Lo cambias de escuela o evitas a la persona
acusada para librarte de problemas.

C Le crees siempre a tu hijo y tomas
acciones para detener al agresor.

Si tu hijo está interesado en temas sexuales, como buscar contenidos para adultos en internet o revistas, o incluso tiene actitudes extremas:

A Piensas que es parte de su formación y lo ves de lo más *normal*.

B Usas filtro en sus dispositivos electrónicos y lo regañas.

C Buscas ayuda especializada que los ayude y oriente a ambos.

Una actitud amorosa no es suficiente, hay que informarse y actuar para proteger.

ACOSO SEXUAL

Cómo prevenir

Hoy en día este tema está
en todos lados, y con razón,
pues es lo peor que puede
pasarle a nuestros hijos.

Hace poco asistí a un curso para identificar y prevenir el acoso
en los niños. En todas las escuelas deberían impartirlos y hacer
hincapié en que las partes privadas de una persona, de cualquier edad, son eso: ¡pri-va-das! La educación es la mejor arma que
podemos dar a nuestros hijos e hijas para que no sufran de
abuso sexual.

Otro punto importantísimo es tener abiertos los canales de
comunicación para que ellos se acerquen a decirte, primero que
a nadie, lo que les sucede, sin pensar que los vas a regañar.

El acoso sexual no sólo es tocar,
también es pedir que muestres,
mostrar y que te digan palabras
que atenten contra tu dignidad.

NO, NO Y NO

Cuando ves a la gente compartiendo o riéndose de un video
donde dos niños de seis años bailan el perreo intenso como si
fuera un chiste, la cosa está grave entonces. Cuando un niño ve
que eso es normal, puede normalizar cualquier cosa. ¿Y si un
adulto les dice a tus hijos: «Vamos a bailar el perreo intenso»?
¿Verdad que no es un chiste?

No está bien, no es normal, no, no y no. Tú puedes pensar
que una cosa de esta magnitud es inocente, un juego, pero no,
mil veces no. Y como este ejemplo hay muchos y en distintas
circunstancias.

Redes de acoso

Si tu hijo no quiere ir a la escuela,
tiene comportamiento diferente, se
vuelve retraído, no quiere hablar con
nadie y está triste, ten cuidado.

¿Sabías que Facebook estipula que un niño menor de 13 años no puede abrir una cuenta? Si le permites a tus hijos tener una red social antes de esa edad estás fomentando que mientan. Y estas reglas tienen una razón, pues antes de ese tiempo un joven no cuenta con el criterio adecuado para saber a quién agregar y a quién no. Hay adultos que se hacen pasar por niños y se cuelan en las redes de tus hijos, ponen comentarios desagradables, les enseñan imágenes inadecuadas o les piden fotos comprometedoras que pueden acabar con su reputación.

NOTA IMPORTANTE

DENUNCIA SIEMPRE

Una víctima jamás es responsable de ser abusada; si conoces a alguien en esta situación, apóyala, no la dejes sentir culpa.

Un acosador sexual no es una persona normal, no piensa como tú y yo, así que no digas que a tus hijos no les va a pasar. El criminal tiene otra moral.

Un pederasta tarda 8 minutos en desvestir a un menor en una *webcam*. Además, en una *webcam* pueden estar grabando sin que tus hijos se enteren; después lo suben a la red y ahí sí acaba con la autoestima y la vida de cualquier persona, no sólo de niños, de adultos también.

Cuando tu cuerpo circula en la red, no hay manera de detenerlo. Mucha gente dice que ya no quiere vivir tras esas burlas y prefiere quitarse la vida. Demasiado riesgo, ¿no?

¿QUÉ HACER CUANDO SUCEDE?

Separa a la víctima de su agresor. En el caso de que el agresor sea alguien cercano, se debe cortar de manera inmediata el contacto, anulando así otra situación de riesgo. Realiza la denuncia frente al Ministerio Público más cercano. Es recomendable denunciar a la brevedad posible, antes de 72 horas. Hazle saber a la víctima que no está sola, que no tuvo la culpa, que sobrevivió y que va a salir adelante. Busca apoyo especializado, tanto médico como psicológico.

TIEMPO FUERA

El acoso sexual es
lo peor, actúa,
escucha y protege.

Si tu hijo acusa a un familiar de sobrepasar los límites de su intimidad, verbal o físicamente, ¿qué harías?

A No le crees y lo acusas de mentir por tratarse de un ser querido.

B Hablas con el presunto agresor para saber qué sucede.

C Le crees siempre a tu hijo y actúas en consecuencia.

Si tu hijo afirma que se han propasado con él o ella en la escuela, ya sea un alumno, un maestro o alguien ajeno al colegio:

A Piensas que es una exageración y lo dejas pasar.

B Lo cambias de actividad o de escuela para evitar líos.

C Levantas una denuncia con las autoridades correspondientes.

El acoso preocupa, pero con las medidas adecuadas, la prevención será más eficaz.

BULLYING

Problema moderno

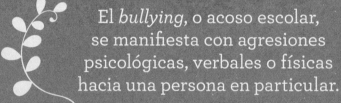

El *bullying*, o acoso escolar,
se manifiesta con agresiones
psicológicas, verbales o físicas
hacia una persona en particular.

El *bullying* ha existido siempre, toda la vida, pero conforme han pasado las generaciones el nivel de violencia ha ido creciendo y volviéndose un problema que ha llegado a limites aberrantes, como el suicidio de los chicos buleados. La tolerancia hacia este fenómeno ha ido disminuyendo y la sociedad ya no está dispuesta a aguantar más, pues lo que antes se consideraba un juego de niños, hoy es un problema que lastima la autoestima de nuestros hijos.

Una cosa es el juego normal
entre niños, y otra muy distinta
dañar a otro ser humano
como si se tratara de un juego;
debemos conocer el límite.

NO ES NORMAL

Todos hemos sufrido *bullying* en algún momento, quizá en un rango mínimo, o quizá a niveles preocupantes. Es probable que los niños que molestan a otros no lo hagan con lo que se puede considerar *maldad*, no creo que los chavitos lo hagan con dolo de villano de película. Posiblemente es que su educación hace que se vea *normal*. Hoy, las burlas fuertes no sólo se ven en las escuelas, también en oficinas, incluso en redes sociales para cualquiera, pero como mamá o papá, te tienes que fijar que esa *carrilla* no merme su autoestima.

Cosa seria

Conoce bien a tus pequeños para
detectar cualquier cambio en su
comportamiento y así
detectar problemas.

Este fenómeno se agrava porque se da en un momento clave de
la vida de nuestros pequeños: cuando están forjando su personalidad. Tener tu autoestima elevada te da seguridad, pero cuando sufres de una carrilla fuera de control, o cuando tus compa-
ñeros te molestan, esa confianza puede empezar a flaquear y,
por lo tanto, la autoestima va en picada, crece la inseguridad, el
poder de comunicarse con los demás se ve mermado; además,
bajan la calificaciones, los niños no rinden igual, tienen temo-
res y pesadillas.

NÚMEROS ALARMANTES

SEGÚN BULLYING SIN FRONTERAS

Los casos de bullying en México van
en aumento: 7 de cada 10 niños sufren
todos los días algún tipo de acoso.

SE SIENTE
FEO

Yo de chiquita sufrí *bullying* porque era la nerd, siempre sacaba 10 y sabía todo, tenía mis tareas perfectamente hechas.

Me acuerdo que varias de las niñas *populares* me decían que les pasara la tarea, y yo, con tal de pertenecer a su círculo o de que me consideraran su amiga, les pasaba los trabajos. A final de cuentas, yo era la que estudiaba y ellas no, pero si yo no lo hacía o no se los prestaba, no me hablaban; ésa también es una forma de *bullying*.

Cuando te chantajean, es *bullying*; cuando te ponen apodos, es *bullying*; cuando te quitan tus cosas, es *bullying*. No hace falta que te peguen para que lo sea.

BULLYING INVISIBLE

El bullying se gesta desde la etapa infantil, y es cuando los papás tienen que estar súper pendientes, porque no es necesario que haya un golpe para que digan que algo pasó, el problema viene de todos lados. Hay niños que hasta le dicen a otros que si no hacen lo que quieren algún pariente se va a morir, y los pequeños se aterran. Un vaso se llena gota tras gota, y lo que comienza como una broma puede alcanzar niveles muy graves. No minimices el asunto si tu hijo te confía sus problemas.

El *bullying*
se puede prevenir
dando a los niños tu
confianza, que sepan
que cuentan contigo.

Si tu hijo no tiene la libertad para hablar
contigo sobre cualquier cosa, ¿cómo
se va a acercar a decir que lo están
molestando en la escuela?

LÍMITES

No puedes evitar que los niños se hagan bromas o se molesten entre ellos, el límite del *bullying* es cuando viene el tono amenazante o despectivo. Si tu hija de repente te comenta: «Hay una niña que dice que soy fea», debes tener la confianza y la empatía para explicarle que quien se lo dijo no tiene fundamentos, que lo hace para molestarla, que ella es hermosa tal y como es, que la amas.

Por supuesto que hay límites, pero es importante detectar a tiempo cualquier comportamiento extraño para no rebasar las fronteras de lo sano.

MAMÁ FURIOSA

Claro que cuando alguien está molestando a tus hijos te hierve la sangre, somos humanos y el enojo es un sentimiento normal, pero no vas a ir a golpear a la mamá del otro niño o a jalar de los cabellos a la niña molestona, ¿qué ejemplo estarías dando? Ve con la maestra, con la directora, con la mamá del otro niño, trata de arreglar las cosas civilizadamente, y si el acoso llega a niveles incontrolables, recurre a las autoridades correspondientes.

MUCHO
OJO

Según el Instituto Mexicano del Seguro Social hay que estar alerta cuando:

EXISTE una intención de agredir a la víctima de manera constante.

EL AGRESOR no presenta sentimientos de compasión por la víctima.

HAY una desigualdad entre el agresor y la víctima: edad, estatura o popularidad.

TIEMPO FUERA

Debemos estar alertas ante cualquier circunstancia.

¿Qué harías si tu hijo llega lastimado y confiesa que alguien, con toda intención, lo golpeo sólo porque es más aplicado en clase?

A Le dices que no se deje y que lo golpee también.

B Hablas con las autoridades de la escuela.

C Le dices que esos problemas pasan y que tiene que conciliar.

**Si tu hijo es molestado por un grupo completo de niños
que lo humillan por su físico, religión, edad, etcétera:**

A Le dices que trate de ser como ellos
para encajar.

B Lo cambias de escuela y asunto resuelto.

C Aprovechas una reunión de padres
y expones el problema.

El *bullying* tiene
muchas caras, pero
tu confianza es la
principal herramienta.

BULEADOR

La otra cara

 ¿Qué pasa cuando estás del otro lado y tu hijo es un *buleador*, o *abusador*, el niño que agrede a los demás?

Cuando tu hijo es el que molesta a los otros tienes que ser consciente y poner un alto a las cosas; quizá requieras la ayuda de un psicólogo, un especialista. Generalmente, los niños que son buleadores están enojados con sus padres, porque no les hacen suficiente caso, o probablemente están demasiado consentidos y no han tenido los límites necesarios. Si son muy agresivos, los papás tienen que estar al pendiente, aceptar que sus hijos son acosadores y pedir ayuda.

Nosotros somos el ejemplo,
somos la primera escuela; si
somos golpeadores y patanes,
no esperemos resultados
distintos en ellos.

LO QUE VEN EN CASA

Un niño abusador o acosador probablemente ve en casa algo que está tomando como ejemplo. Si tú como mamá no puedes detenerlo, puedes solicitar ayuda, hay muchos especialistas. Hay que hacerle entender al niño que herir los sentimientos de los demás no hará que sus emociones sanen, porque a final de cuentas están lanzando hacia las otras personas la carga de coraje que llevan dentro. No se trata de un problema menor, debe ser atendido antes de acarrear consecuencias mayores.

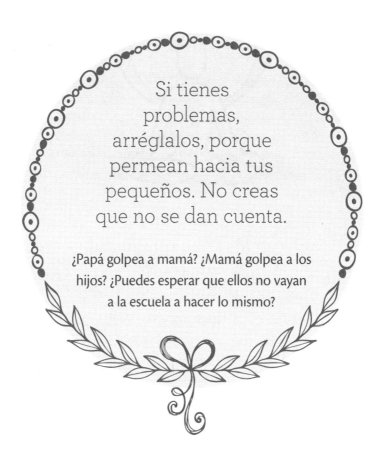

Si tienes problemas, arréglalos, porque permean hacia tus pequeños. No creas que no se dan cuenta.

¿Papá golpea a mamá? ¿Mamá golpea a los hijos? ¿Puedes esperar que ellos no vayan a la escuela a hacer lo mismo?

LÍMITES

Es importante hacer conciencia de que esto puede ser muy serio, puede llegar al suicidio de otro niño.

Está demostrado que los niños que maltratan animales suelen escalar y lastimar a los demás; éste es un signo de alerta. Hay buleadores que pueden llegar a ser demasiado agresivos, incluso con los miembros de su propia familia. Pasan de no tener comunicación con los padres a volverse incontrolables. No tienen amigos, pues también los bulean. Es imprescindible poner límites a tiempo.

EL PEOR CIEGO

Si te das cuenta de que tu hijo es un buleador, no lo ignores. Por desgracia la sociedad machista celebra que un niño o una niña demuestren superioridad física sobre los demás: es una tragedia. La idea del macho alfa pecho peludo no genera líderes, produce criminales, golpeadores de mujeres, acosadores, violadores y mucho dolor. ¿De verdad quieres ser una madre que carga la cruz de un hijo así? Entonces abre los ojos, pon límites y atiende esta situación ahora.

MUCHO OJO

Detecta a tiempo las señales de que tu hijo puede ser un abusador:

CARECE DE empatía: no le importa lo que sienten los otros.

ES IMPULSIVO, caprichoso y chantajista fuera de los límites.

ELIGE LA violencia para solucionar sus problemas, pues se siente superior.

TIEMPO FUERA

La conciencia es
el primer paso
para prevenir.

**Si tu hijo es un abusador y siempre cree que
todo lo puede, hace berrinches desaforados
y ni un adulto lo puede controlar:**

A Te encanta que tu hijo sea así, tiene un
carácter fuerte.

B Tratas de sobrellevar el problema sin
hacerle mucho caso.

C Lo mandas a terapia, pero también
arreglas tus propios problemas.

**Recibes una queja de la escuela porque tu hija
ha lastimado física o emocionalmente a una
compañera y los otros padres se han quejado:**

A Entras en conflicto violento con los padres
de la compañera.

B No, crees que todo es mentira y difaman
a tu hija.

C Hablas con la pequeña y le explicas que
dañar a los demás no está bien.

Si tu hijo es un
abusador, no te
ciegues, mejor ayuda.

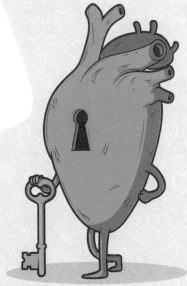

PARANOIA

¿Y mi hijo?

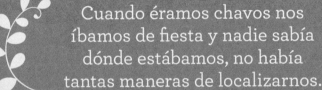

Cuando éramos chavos nos íbamos de fiesta y nadie sabía dónde estábamos, no había tantas maneras de localizarnos.

Nuestras mamás se preocupaban, pero estaban limitadas porque no había celulares. El mundo era menos peligroso. Antes uno podía salir solo a los 11 años y no pasaba nada. Los tiempos han cambiado, la inseguridad ha aumentado y eso genera nervios. Hace años jugabas en la calle y los coches se paraban. La única vez que me pasó algo fue cuando tenía nueve años y fui sola a la papelería, traía un collarcito, llegó un cuate, agarró el collar y se echó a correr. Y a raíz de eso ya no quise ir sola a la papelería.

Cuando éramos jóvenes, la frase
«mis tiempos eran mejores» nos
caía gorda. Hay que entender
que hoy un adolescente
vive otra realidad.

OTROS TIEMPOS

Tenemos que adecuarnos a la realidad en la que vivimos
en el país en el que estamos. Por desgracia la violencia ha ido en
aumento. Últimamente tienes que estar mucho más alerta de
lo que está a tu alrededor y cuidar más a tus hijos, darles las
herramientas necesarias para que ellos mismos se protejan;
pero la angustia de que tus hijos estén bien nunca se te va a
quitar.

Hoy los puedes llamar a cualquier hora, sin embargo, si están
en el relajo y no te contestan te puedes volver loca. Antes, no
había de otra, te aguantabas.

Angustiosa libertad

La paranoia es normal, pero incluso si vas de la mano de tus seres queridos, cuidándolos, si algo les va a pasar les pasará. No puedes encerrar a los chavos.

Puedes sentirte la mamá más buena onda y *cool*, pero la primera vez que tu hijo sale con una niña los sigues por toda la plaza. ¿No que muy *open mind*? La paranoia no anda en burro. Lo que uno quiere es cuidar a los hijos en todos los aspectos. La ansiedad es normal, pero no llegues a niveles castrantes porque lo único que vas a lograr es que te mientan sobre a dónde van, que no te tengan confianza y hasta les des vergüenza. Confía en que sabrán ejercer su libertad si los has educado bien.

NO SEAS SOBREPROTECTORA

ES MEJOR SER LA BUENA ONDA

¿Te imaginas que le digan a tus hijos: «Oye, yo quisiera tener una mamá como la tuya»? ¡Wooow!

MAMÁ COOL

Hoy el mundo es diferente, no seas como una *abuelita* que quiere dar sermones sin razón. Es preferible generar confianza.

Antes las *discotecas* abrían pista a las 11 de la noche. Ahorita los *after* abren a las 2 de la mañana, en tus tiempos no existía el precopeo. No puedes tapar el sol con un dedo y exigir a tus hijos que lleguen a medianoche o se les convierte la calabaza. ¿Prefieres que te digan que se quedaron a dormir con un amigo cuando en realidad están en el antro? Puedes ser la mamá *cool* que deja que tus hijos se tomen algo en tu casa con los amigos, así los conoces a todos antes de que salgan.

SER RAZONABLE

¿Se puede ser objetiva cuando se tiene un hijo adolescente? Creo que si lo educaste bien, sí. De esa manera puedes darle la posibilidad de que experimente lo que tiene que experimentar durante su adolescencia cometiendo los menos errores posibles. Porque van a cometer errores, pero mínimo que sepan que cada decisión tiene sus consecuencias, buenas o malas. Sé razonable, tus hijos jóvenes van a hacer cosas de jóvenes. Que no te alucinen por ser la mamá sargento.

99.9 % de
los adolescentes
llegan a alucinar a sus
papás en algún momento
de su vida, quizá tú lo hiciste.

Ahora que ya estás del otro lado de la
moneda, que eres la mamá, debes de ser
respetuosa, mas no dejarlos hacer
lo que les venga en gana.

MAESTRA EN CASA

Sí, los padres debemos ser los primeros maestros para los hijos, pero luego el proceso se voltea: ellos se convierten en tus maestros, porque te llevan al límite de la paciencia, de la tranquilidad, al límite de todo. Te cambian completamente, te enseñan el valor del amor incondicional, de la tolerancia, de la entrega. Ya no eres tú la importante sino ellos, y todo lo que haces gira en torno a ser un buen ejemplo. Muchas veces tu ego pasa a segundo plano y ellos son tus maestros.

LO QUE ODIO DE MÍ

Cuando los hijos están en la edad de la punzada pueden llevarnos a situaciones que ponen a prueba nuestros límites, pero si analizas bien las cosas, mucho de lo que ellos hacen lo aprendieron de sus padres, y eso te cala, porque quizá son características que no te gustan de ti misma o del papá. Así que tranquila, respira, y suerte con tus adolescentes.

MUCHO
OJO

*Aquí te van algunos tips para que
tus adolescentes no te alucinen:*

SÉ RESPETUOSA en sus gustos, si no te parecen coméntalo, mas no los obligues.

NO TOMES acciones impulsivas frente a discusiones, sólo lograrás alejarlos.

NO SEAS INVASIVA, dales espacio, controla tus miedos y confía.

TIEMPO FUERA

Estar del otro lado
es complicado,
¿verdad?

**Cuando tú eras adolescente la música,
la moda, la calle, los noviazgos, el mundo
eran diferentes, pero ¿mejores?**

Haz una lista de las cosas que no te gustaban de cuando eras joven
y otras que te hubiera gustado que existieran en tus tiempos.

....

....

....

....

¿Qué era lo peor que te podían decir en tu casa y te hacía rabiar? Piensa en eso que tus papás argumentaban al discutir.

Ahora sé sincera y enumera los patrones que has repetido con tus hijos, las cosas que te molestaban de joven y ahora tú dices.

....

....

....

....

Los padres no somos infalibles, cometemos errores, pero hay que hacerlos conscientes.

TECNOLOGÍA

A la vanguardia

Los niños son súper
inteligentes e intuyen todo,
pero hay peligros que pueden
estar fuera de nuestro control.

Es imposible tener vigilados a nuestros hijos las 24 horas del día, y aún más en el mundo de hoy en el que los medios masivos de comunicación han cambiado. Ya no se trata de pedir permiso para ver la tele, pues las redes sociales, los canales de videos y el contenido nocivo están al alcance de casi cualquier dispositivo electrónico. Los papás tienen que estar al pendiente de qué es lo que ven los niños, de que sea adecuado para su edad, porque no nada más es la televisión, son las redes, son las tabletas, son los teléfonos.

Si bien los dispositivos electrónicos cuentan con métodos de control parental, no podemos dejar que la tecnología los cuide por nosotros.

PAPÁS MONITORES

Medios electrónicos como YouTube se preocupan por poner candados para menores y sólo mostrarles contenidos especiales para niños, específicos y controlados, pero los papás tenemos que estar ahí, al pendiente de qué es lo que está entrando al cerebro de nuestros hijos. Nosotros les enseñamos prácticamente todo: a dar las gracias, a pedir las cosas por favor, a ofrecer disculpas, etcétera. En la escuela van a aprender matemáticas, biología, química, pero hay otras ventanas: las computadoras, el internet, las redes sociales.

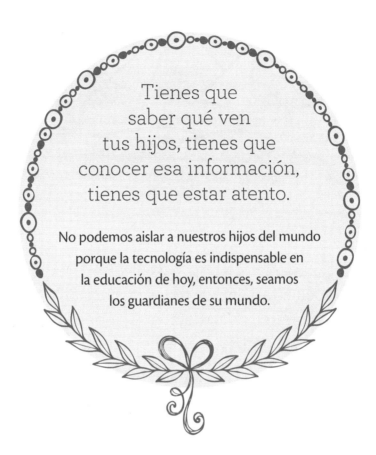

Tienes que saber qué ven tus hijos, tienes que conocer esa información, tienes que estar atento.

No podemos aislar a nuestros hijos del mundo porque la tecnología es indispensable en la educación de hoy, entonces, seamos los guardianes de su mundo.

VIGILANCIA O CENSURA

En Netflix hay una serie llamada *Black Mirror*, son historias controversiales que tienen que ver con la tecnología. Hay un capítulo en el que una mamá le instala a su hija un dispositivo que va a una tableta, y a través de ésta monitorea todo lo que la niña ve. La mamá cree que está siendo responsable, y resulta que, conforme la pequeña crece, la situación se vuelve grave. ¿Hasta dónde es bueno monitorear? ¿Hasta dónde se invade la privacidad de los muchachos?

LÍMITES INDIVIDUALES

Hasta cierta edad, ese monitoreo no significa invadir su privacidad, es cuidarlos de estar expuestos a algo que los pueda lastimar en el momento o en el futuro, porque hay personas malas y hay personas buenas, y las malas pueden subir un videojuego o una caricatura con un audio modificado que le haga daño a los niños. A final de cuentas la tecnología está ahí, y probablemente antes de cierta edad tengas que controlar los contenidos, aunque después eso salga un poco de tus manos.

Los papás NO PODEMOS TAPAR EL SOL con un dedo, ni taparnos LOS OJOS PERO TENEMOS QUE ESTAR al pendiente DE LO QUE HACEN los pequeños Y ABIERTOS A SUS PREGUNTAS

24

TIEMPO FUERA

Recuerda que una
cosa es vigilar y
otra censurar.

Hoy los niños le agarran la onda muy rápido a la tecnología y, por su bien, los papás debemos seguirles el paso y no dormirnos.

Busca tutoriales sobre cómo monitorear lo que nuestros pequeños ven en la compu o en sus dispositivos y haz una lista de los sitios que más visitan.

....

....

....

....

Una vez que tienes tu lista, date tiempo para explorar dichos sitios y analiza sus contenidos. No des por sentado que son buenos.

Escribe una lista de los pros y los contras de lo que ven tus hijos, recuerda que detrás de la caricatura más inocente pueden encontrarse cosas malas.

....

....

....

....

Revisar lo que ven tus hijos en internet es una oportunidad para pasar tiempo juntos.

DECIR ADIÓS

Despedidas

Hay cosas en la vida para las
que nunca se está preparado,
pero que son parte de la
existencia y no podemos evitar.

¿Cómo hablar con los niños sobre la muerte? A nadie se le desea
pasar por algo así, sin embargo, sucede todos los días. Los abue-
litos se hacen viejos, ya no juegan como antes y los pequeños
viven generalmente esos procesos en el silencio de su joven en-
tendimiento. A los adultos nos gusta evitar el tema, pero debemos estar listos para afrontarlo. Decir adiós es quizá lo más difícil
por lo que una persona tiene que pasar, independientemente de
la edad o la religión que uno elija.

Elegir un credo en particular
y crecer espiritualmente son
dos cosas distintas. Si tenemos
una mente equilibrada,
seremos mejores padres.

SIEMPRE VIEJITOS

Todos vamos a dejar este mundo, sí, aunque nos pasemos la vida sin hablar del asunto. Me acuerdo cuando a los 20 años yo decía que había unas superseñoras en el antro, que tenían 40 —la edad que tengo hoy al escribir este libro—, porque cuando uno es joven piensa que el reloj no camina. Los niños entre más grandes ven a las personas más las consideran unas ancianas, y hasta lo pueden decir y hacer sentir incómoda a la gente.

Sin mitos

Si se dicen las cosas como son,
pero con tacto, va a ser menos complicado
para los niños quitarse
los mitos cuando las personas fallecen.

Las marañas y choros que inventamos a los pequeños cuando alguien cercano muere pueden desubicarlos, a futuro, de la realidad. Si tú les explicas que es el ciclo de la vida, que los seres humanos nacemos, crecemos y llega un momento en el que morimos, ellos adquieren la idea de que su cuerpo va madurando y de que después ese mismo cuerpo decide descansar, porque ya cumplió su ciclo. Yo soy de la idea de decirles la verdad, cuidando cómo lo hacemos, de acuerdo a la edad.

HAY TRAUMAS Y TRAUMAS

¿SEÑORA?

Levante la mano la que no se ha infartado cuando alguien más joven le dice «señora», aun sin hijos.

Es muy importante, repito: ¡muy importante!, que no le cuentes a tus pequeños historias ni pretextos luego de un evento fatal.

Cuando alguien muere, no digas cosas como: «Se fue de viaje». Es lo peor que puedes hacer, porque entonces el niño se queda con la ilusión de que va a regresar, y si no regresa, siembras en un niño una mala imagen: imagina qué pasaría si su papá se va de viaje de trabajo, va a vivir aterrado porque va a pensar que no va a regresar.

Tienes que decir las cosas como son, decir que ya estaba viejito o que se fue al cielo y ya no va a regresar. Dolerá mucho, pero no puedes mentirle porque no dejas que el niño procese su duelo.

VIVIR EL DUELO

Acompaña a tu pequeño en su pena; probablemente va a llorar, escúchalo, no le digas que sea fuerte, y menos si es varón, no salgas con la tontería de que nos hombres no lloran. Responde todas sus dudas, vivan juntos su dolor, no le crees falsas esperanzas. Dale a tu pequeño la oportunidad de despedirse física o espiritualmente, con prudencia. No se te ocurra llevarlo a un hospital a presenciar una escena aterradora o a un funeral donde el drama se desborda: valora cada situación.

Si alguien cercano a ti ha fallecido, comparte con tu hijo la pena, pero también celebra la vida.

Puedes sacar un álbum de fotos y recordar anécdotas divertidas o momentos felices que hayan vivido con aquel ser tan querido. Dale peso a los recuerdos alegres.

LA DESPEDIDA

Si se trata de una muerte repentina, puedes rezar o meditar con tus pequeños para hacer que el golpe no sea tan potente. Pero si es una muerte que se acerca lentamente, explicarle al niño que esa persona está enferma y que lo más probable es que su cuerpo ya no vaya a aguantar, que vaya con esa persona y pueda despedirse. Si tú consideras que hacerlo personalmente es demasiado intenso, que sea por medio de una carta, un dibujo o por teléfono, pero que se despida. Que no olvide nunca decir «te amo».

PROTEGER, NO MENTIR

Yo no creo que en estos casos apliquen las mentiras piadosas, soy de la idea de que ni siquiera funcionan. Ayudan a los papás a salirse del meollo, pero no le sirven al niño para sacar sus conclusiones porque a la criatura no le va a cuadrar lo que tú le dices con la emoción que está sintiendo. Cuando crezca va a decir que le mentiste, aunque sea una mentira piadosa; además, si tú le dices mentiras a un niño, poco a poco vas mermando tu autoridad ante ellos. Cuando inventamos cuentos sobre una situación tan delicada, creemos que estamos protegiendo a nuestros hijos, y quizá nos funcione de momento pero, a la larga, estarás deteniendo su proceso de maduración.

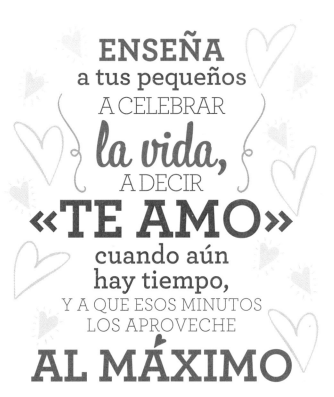

ENSEÑA a tus pequeños A CELEBRAR la vida, A DECIR «TE AMO» cuando aún hay tiempo, Y A QUE ESOS MINUTOS LOS APROVECHE AL MÁXIMO

TIEMPO FUERA

La vida es corta pero
no tanto, así que a
vivir plenamente.

**Es importante que los niños expresen de
manera sana sus sentimientos, hacerlo
no implica debilidad, al contrario.**

Escribe con tus hijos una lista de las personas a las que más aman.
Ahora, pídeles que escriban todo lo que sienten por ellas.

....

....

....

....

¿Qué pasará cuando tú no estés en la mesa para compartir el pan y la sal? Es duro pensar en eso, pero a todos nos llega.

Escribe una carta para que tus hijos te recuerden cuando ya no estés. Diles cuánto los amas y que siempre, aquí o del otro lado, los amarás.

....

....

....

....

Vivamos felices para que siempre estemos llenos de recuerdos hermosos.

Otras mamás

 Una pareja infértil, en este caso una mujer que no puede tener bebés y que lo ha intentado todo, resulta muy lastimada.

La infertilidad afecta a un porcentaje bastante significativo de la población. Aproximadamente 20% de las parejas mexicanas padece este problema. De esa cantidad, la causa está 40% de las veces en los varones y 40% en las mujeres, el resto en los dos. Lo que pasa es que generalmente se dice que las mujeres son las infértiles debido a una ideología machista que no le permite a los hombres aceptar que ellos son los del problema, dejando la responsabilidad a la población femenina.

Si una pareja tiene muchísimos deseos de concebir y no lo logra, el problema deteriora la relación hasta que la destruye.

DESÁNIMO

Hoy en día, una pareja puede recurrir a muchísimas opciones. La medicina y la ciencia han avanzado, pero si sometes al cuerpo a dosis muy fuertes de terapias hormonales, después vienen las consecuencias, porque te altera todo el cuerpo. Una de las mayores secuelas es la frustración, que merma la autoestima y la moral de ambos. Cuando estás convencida de que quieres ser mamá y por más que lo intentas no logras quedar embarazada, la tristeza puede ser profunda. Muchas mujeres incluso llegan a sufrir depresión.

Obstáculos

En las instituciones de salud pública la infertilidad no es un asunto prioritario y la asistencia privada es muy cara.

La infertilidad daña emocionalmente, aun más cuando uno de los miembros de la pareja se rinde y el otro no. Muchos hombres piensan que ellos no tienen la culpa, y probablemente sí.

Uno de los problemas en las mujeres es la edad; entre más grandes somos se reducen las posibilidades de un embarazo, además de factores como lesiones en las trompas de Falopio, endometriosis, miomas, enfermedades de transmisión sexual y hasta depresión.

LA CIENCIA AVANZA

LA ECONOMÍA, NO

Tener un hijo de manera asistida puede costarte entre 200 mil y 300 mil pesos. En nuestro país no cualquiera puede costearlo.

Aunque los años no son un factor en los hombres, se ha comprobado que entre más edad, mayor probabilidad de generar síndrome de Down.

Algunos problemas en la próstata también causan infertilidad masculina, así como daño testicular, falta de movimiento de los espermatozoides, defectos hormonales, etcétera. Es decir que, cuando una pareja no puede tener hijos, la responsabilidad de revisarse, tratarse y solucionarlo es de ambos. Señores, si presentan algún problema no es que sean menos machos, son cuestiones médicas. Tomen su parte en ello, si es que realmente desean un hijo.

SÓLO QUIERO UNO

Debemos estar conscientes de que la mayoría de los tratamientos contra la infertilidad genera un gran riesgo de tener embarazos múltiples. Entonces, si te salen quintillizos, no se vale decir: «Ay, yo sólo quería uno». Cada decisión en la vida trae sus consecuencias, así que piénsalo bien antes de someterte a un proceso de este tipo. Además, las altas cantidades de hormonas pueden traerte cambios físicos y de carácter. No son enchiladas: piénsalo bien.

Cuando
una mujer cae
en la desesperación
de no poder concebir por
ningún método, suele entrar
en una depresión seria.

Es necesario buscar ayuda psicológica
al mismo tiempo que médica, para
así estar preparadas para lo que
venga, bueno o malo.

ADOPCIÓN

Otra manera muy loable de ser madre es la adopción, ya que no solamente tú cumples un sueño, también le das la oportunidad a un bebé de tener la familia que quizá no lograría de otra manera. Así puedes decirle a tu hijo cuando sea mayor: «Mi cuerpo no pudo tenerte, pero te llevé en mi corazón».

Parece sencillo, pero el proceso de adopción también puede ser largo, penoso y frustrante debido a la cantidad de requisitos que el gobierno, en México, te exige para darte a un bebé o a un niño de más edad.

PROCESO DURO

Una pareja puede ponerse furiosa por lo complicado que es, sin embargo, el que sea así tiene una razón, ya que el cuidado de un menor es cosa seria, no es como ir al súper, es para toda la vida y con todas las obligaciones de darle lo que le darías a un hijo biológico. No puedes decir: «Ay, que siempre no, mejor lo regreso». Puedes dañar de manera grave la autoestima de un pequeño. Según el INEGI, en México hay más de 30 mil niños en orfanatos.

MUCHO OJO

Aquí están, a grosso modo, los requisitos a cumplir para adoptar:

SER MAYOR de 25 años y tener al menos 17 años más que el niño al que vas a adoptar.

POSEER medios económicos suficientes para garantizar una buena calidad de vida.

SE PRIORIZA los matrimonios sin hijos. No es necesario tener pareja.

TIEMPO FUERA

Tú ya eres mamá,
pero hagamos un
ejercicio para valorar
lo que tenemos.

¿Qué harías si descubrieras que eres infértil y tu marido desea con todas sus fuerzas tener un bebé?

A Lo ocultas y dejas que pase el tiempo hasta que se les quiten las ganas.

B Le pides que te deje y busque la felicidad con otra persona.

C Se lo dices y buscan juntos una solución.

¿Y si resulta que tú estás sana, y, por lo tanto, quien tiene el problema de infertilidad es él?

A Se lo dices con toda delicadeza y le pides buscar ayuda médica.

B Sabes que si se lo dices lo negará, se pondrá como loco y prefieres asumir la culpa.

C Le dices que no importa, que pueden darle felicidad a un pequeño sin papás.

La medicina y la sociedad te dan opciones para ser madre, ¿tú te las darías?

ADOLESCENCIA

Etapa rebelde

 Los hijos crecen y los insomnios son otros, los problemas cambian de naturaleza y la vigilancia debe de ser cuidadosa.

Como dije al inicio del libro, cuando eres mamá no vuelves a dormir tranquila, pero ahora por otros motivos. Los pequeños ya no lo son tanto, empiezan a salir con los amigos, se quieren desvelar un poco más, tienes que ir por ellos a la fiesta, de pronto te presentan al novio o a la novia y un largo etcétera. Como mamá, siempre estás al pendiente y no, definitivamente no puedes descansar tranquilamente y a tus anchas. Así, tus bebés son unos jóvenes que no recogen su cuarto y están en el celular todo el día.

Te das cuenta de que el futuro de tus hijos está a la vuelta de la esquina y ya no puedes decidir todo por ellos. Sufres su rebeldía.

OTROS ROLES

Ahora sí llegó la hora de enfrentarte a los problemas de la «edad de la punzada»: el carácter cambiante, decisiones que los jóvenes quieren tomar porque ya se creen grandes. Antes tus hormonas eran las que mandaban, ahora son las de ellos. Hay que seguir educándolos, muy a pesar suyo, y quizá es momento de convertirnos en guías y ya no tanto en instructores.

Parece que cuando nuestros hijos crecen nos olvidamos de pronto de que también fuimos jóvenes, pero no, es que ahora entendemos a nuestros padres.

Te cae el veinte

Sin darnos cuenta, ahora nosotros somos el régimen autoritario e imponemos esas reglas que a nosotros nos caían gordas cuando éramos jóvenes.

Es como abrir los ojos y descubrir por qué mamá nos ponía límites, por qué te decían «no» a cosas que eran absurdas. Hoy los años te han dado experiencia, ya viviste esas cosas que tus hijos quieren hacer y sabes que la van a regar porque tú la regaste bien y bonito; entonces tratas de cuidarlos sin darte cuenta de que ellos necesitan cometer sus propios errores y lo único que puedes hacer es estar ahí como un paracaídas, corregirlos y sobarles el trancazo.

TU HIJO NO ES TÚ

DEBE ANDAR SU CAMINO

No te conviertas en un dictador, ellos se van a sublevar contra todo. Es mejor ser aliado y no enemigo.

PAPÁS AMIGOS

«Quiero ser amigo de mi hijo». ¿Te acuerdas lo gordo que te caía eso? Tú querías salir con tus cuates, no que tus papás fueran tus cuates.

Los papás son los papás. Está bien que te lleves con tus hijos y que te tengan toda la confianza para poder contarte muchas cosas, pero tú, a final de cuentas, no eres su amigo, no debes tomar ese papel porque sigues siendo la figura de autoridad, entonces cuando le digas un «no» al chamaco vas a ser el amigo traidor.

Los padres dan estabilidad a los hijos. El hecho de que te lleves bien con ellos no implica que seas su amigo, sigues teniendo más rango, más autoridad.

HORMONA JUVENIL

¡Qué cosa tan complicada! Hay que recordar cómo actuaron nuestros papás, ya sea para bien o para mal, y así no repetir patrones desagradables. A nuestros bebés tan tiernos les ha llegado la calentura. Ya platicamos de cómo hablar con los niños sobre sexualidad, pues ahora lo mismo, pero con otro tono, con palabras adecuadas a esta etapa. Ahora sí que vengan palabras como anticoncepción, embarazos no deseados, enfermedades venéreas. Igual, siempre con la verdad y las cosas por su nombre.

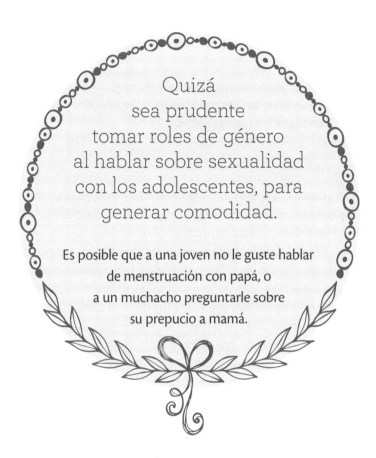

Quizá
sea prudente
tomar roles de género
al hablar sobre sexualidad
con los adolescentes, para
generar comodidad.

Es posible que a una joven no le guste hablar
de menstruación con papá, o
a un muchacho preguntarle sobre
su prepucio a mamá.

REVOLUCIÓN

En las mujeres la pubertad empieza un poco antes, maduran un poco más rápido; tienen muchos cambios hormonales. Pero los hombres también tienen sus alteraciones, se engrosa la voz, les sale la barba, etcétera. En ambos casos, esta etapa comienza más temprano hoy en día; vemos diferencias a partir de los 10 años, cuando antes, a esa edad, éramos unos niños. Las redes sociales y los medios de comunicación provocan que sus intereses se revolucionen.

MADURAR

La adolescencia es una etapa muy complicada porque los niños piensan que ya la hicieron, que ya son grandes y libres para poder tomar sus propias decisiones, pero no es así. Debes ser tolerante para poder guiarlos y que continúen por un buen camino, que no dejen la escuela, que se lleven con las amistades adecuadas, que no caigan en drogas o en el alcoholismo. Acompáñalos poniendo ciertos límites y ciertas reglas. No desesperes para no orillarlos a tomar decisiones para las que no están listos.

Los jóvenes tampoco saben qué les está pasando, están forjando una identidad, eligiendo sus gustos. No son conscientes de que sus actitudes no siempre son las mejores: están madurando.

Sé EMPÁTICO y recuerda QUE TAMBIÉN fuiste joven y querías comerte EL MUNDO

24

TIEMPO FUERA

Al crecer, tus hijos
se parecen a ti, pero
muy a su estilo.

**Recuerda los momentos felices durante
tu adolescencia, las ganas que tenías de
probar de todo y el estrés de crecer.**

Escribe un carta para que tus hijos sepan que también fuiste
joven, que también la regaste pero que saliste bien librada.

....

....

....

....

Piensa en lo que te hubiera gustado que tus papás hicieran cuando entraste a la pubertad y en los errores que cometieron.

Ahora haz una lista en la que compares eso que te hubiera gustado con las cosas que no le agradan a tus hijos acerca de cómo los tratas.

....

....

....

....

Todos cometemos errores, pero siempre hay tiempo de enmendarlos.

Tus hijos ya pueden

El mundo de nuestros adolescentes está rodeado de sexo, desde la música hasta los comerciales. Todo les grita: «hazlo».

Aunque ya hablamos un poco sobre la hormona juvenil, es importante estar al pendiente del tema, porque hoy, más que nunca, la sociedad está hipersexualizada. La mayoría de las escuelas ya tiene cursos sobre sexualidad, aunque yo soy de la idea de que debes de hablar con ellos antes de que lo hagan en cualquier lugar para que ellos ya tengan referentes y puntos de comparación. La hormona está ahí, no lo puedes cambiar. Los muchachos harán lo que puedan cuando puedan, es mejor que estén listos.

Si cuando eran pequeños les
dijiste a tus hijos que nadie los
podía tocar, en la adolescencia
es importante decirles que
no toquen sin permiso.

RESPETO

Ya no estamos en los tiempos de la «prueba de amor», hoy los
chicos deberían decidir con quién sí y con quién no, pero para
llegar a eso necesitan tener muy buena comunicación en casa.

Es normal que sientan curiosidad por sus cuerpos y por los
ajenos, sin embargo, es importantísimo que entiendan que si
alguien dice «no», es no. Ésa es también una parte esencial de
la educación sexual de nuestros jóvenes.

La falta de información es peligrosa, y también lo es la desinformación, y esa la encuentran en todos lados.

Cuando no hablas con tus hijos sobre anticoncepción, masturbación y relaciones sexuales los expones a cualquier cosa.

OJOS ABIERTOS

Cuando brindas a tus hijos información sobre sexualidad no les das carta abierta para ejercerla a lo tonto, al contrario, les entregas puntos de referencia para decidir. A una chica, por ejemplo, al hablarle de anticonceptivos no le estás dando permiso para tener relaciones sexuales, sino que le brindas las herramientas para que cuando ella decida tenerlas sepa cómo cuidarse. No intentes tapar el sol con un dedo, mejor dale armas para que se cuide, porque tarde o temprano lo va a hacer.

PIES EN LA TIERRA

Quizá duela, te traumes y te saques de onda al saber que tu hija o hijo ya tiene relaciones sexuales. Sí. Pero si tú los preparaste bien, por lo menos vas a estar menos preocupado por un embarazo o una enfermedad incurable que puede causarle la muerte. Y no se trata de meterles miedo, sino de ponerles los pies en el suelo, pues la realidad es que una infección es cosa muy seria y un embarazo te cambia la vida.

MUCHO OJO

Aquí unos tips para hablar de sexo con un adolescente:

SUPERA TU propia vergüenza. Acepta la incomodidad y busca el momento.

ADMITE QUE tus hijos son seres sexuales y la ejercerán tarde o temprano.

NO CONVIERTAS la plática en un sermón interminable y sé claro.

TIEMPO FUERA

Cuando tus hijos crecen, se vuelven seres complejos.

Si encontraras revistas pornográficas o material de ese tipo en la computadora de tu hijo, ¿cuál sería tu actitud?:

A No importa, se está haciendo hombre y es natural.

B Lo castigas, lo acusas con su papá y lo haces sentir vergüenza.

C Le explicas que su curiosidad es normal pero que la vida real es distinta.

Si tu hija adolescente te confiesa que ya tuvo su primera relación sexual y ha decidido continuar con ella, ¿qué haces?:

A Te da el ataque y tratas de esconder la realidad ignorando lo que te dijo.

B Te pones como loca, la cacheteas y le dices que se tiene que casar.

C Entiendes su decisión y te aseguras de que no se esté poniendo en riesgo.

La sexualidad puede vivirse en plenitud cuando tienes la mejor información.

SU INTIMIDAD

Tu frontera

Durante la adolescencia, los
chicos buscan su intimidad,
con su cuerpo, con su forma
de ser, con muchas cosas.

Ésta es una etapa en la que nuestros hijos comienzan a procurar su libertad, y hay que otorgarla de una forma cautelosa, sin que se sientan invadidos pero con prudente cautela. Si tu hijo decide cerrar la puerta de su cuarto, toca antes de entrar, pues de esa manera le estás enseñando a respetar el espacio de los demás. Sin embargo, hay que estar pendientes, ya no como policías sino preguntando por lo que les pasa, abriendo canales de comunicación.

Si tus hijos no quieren contarte
ciertas cosas, respétalos, pero
vigila sus actitudes, sus amistades
y sus gustos. No seas tan castrante.

ALREDEDOR, NO TAN CERCA

Si notas que algo anda raro acércate con ellos, busca algún interés en común y genera empatía, para que de esa manera se abran contigo. Cuando lo hagan, no respondas mal si estás en desacuerdo con algo, aunque te duela y te enoje; escucha sus razones con la cabeza fría y toma una decisión sobre lo que vas a hacer y cómo puedes ayudar. Si esto no funciona, puedes acercarte a un terapeuta familiar.

Comparte con ellos algún deporte o escucha algo de su música, aunque te reviente los oídos.

A esta
edad los chicos
son contreras, no te
desesperes, ellos están
buscándose a sí mismos.

Tus hijos no tienen por qué seguir tu
camino, ellos encontrarán su propia
ruta y personalidad. Ya verás que
tienen mucho de ti.

DEPRESIÓN

También es una etapa en la que los muchachos pueden sentirse tristes. La palabra «adolescencia» se deriva de «dolor», y es normal que por momentos se depriman, sólo cuida que vayan dentro de límites sanos. Hoy los índices de suicidio juvenil son alarmantes, y esto tiene que ver con la frustración. Cuando se le exige demasiado a alguien y no lo logra, el problema crece rápidamente. Aprieta los tornillos con suavidad, si no puedes quebrar la madera.

SÉ EL PRIMERO

Muchas veces los padres son los últimos en enterarse cuando su hijo tiene un problema de depresión grave, y eso es porque no se tiene una vigilancia adecuada. No dejes que las cosas lleguen a esos límites. Cuida sus amistades, atiende a la escuela, al novio o a la novia y, sobre todo, checa si están sometidos en demasía al estrés social, sentimental o sexual. Sé la primera en detectar un problema.

MUCHO OJO

Según la OMS, más de 350 millones de personas padecen depresión. Vigila:

CAMBIO DE HÁBITOS: alimenticios, de sueño, abandono de amigos y apatía.

IRRITABILIDAD Y TRISTEZA, que causan falta de concentración y baja escolar.

MALOS PENSAMIENTOS hacia ellos mismos y violencia contra los demás.

TIEMPO FUERA

Siempre presta atención
a tus adolescentes, ellos
cuentan contigo.

**Si notas que tu hijo o hija tiene nuevos amigos
que evidentemente son mala influencia y
eso ha traído problemas escolares:**

A Le prohíbes que los vea.

B Los corres y si se quiere ir con ellos, órale.
Ya se dará cuenta que en la calle no hay
árboles de pan.

C Le abres los ojos tratando de evidenciar
los problemas que puede tener.

**Si notas en tu adolescente síntomas de depresión,
agresividad o conductas más allá de lo normal de la edad:**

A Le dices que si no se pone las pilas lo
sacas de la escuela y trabajará de cargador.

B Ya se le pasará, son cosas de chavos,
seguro anda dolido.

C Buscas a un profesional que lo ayude a
salir de la tristeza.

Serenidad y paciencia,
pero también
mucho cuidado.

Ellos se van

Los hijos tienen que seguir
su camino, dejar la casa,
hacer su vida, pero eso
no significa abandono.

Cuesta muchísimo trabajo, no es fácil, después de tantos años de estar juntos, ver que tu hijo o tu hija te pide crecimiento, te pide irse a estudiar o a vivir sola o solo: es entonces cuando aparece un fenómeno curioso que se llama el síndrome del nido vacío. Es normal, es parte del ciclo de la vida e inevitable. Una opción es acercarnos a nuestra pareja y renovar las cosas, en caso de que no haya una pareja hay que acercarse a la familia o a los amigos.

Mira esta nueva soledad, este silencio, como una oportunidad para hacer otras cosas: viajar, estudiar, conocer gente nueva.

PARA LOS HIJOS

Tú, hijo que dejas la casa, no te alejes, que no sea un cortón. Habla con tus padres y diles que los amas, que vas a estar bien, que no los abandonas. Levanta el teléfono y llama seguido, sobre todo al principio.

Cuando yo me casé, a mi mamá le entró un síndrome del nido vacío tremendo. Es una depresión de aquellas. Pero si tú, como hijo, haces que tu partida no repercuta tanto en tus papás, te lo van a agradecer y tú también te vas a sentir bien como hijo.

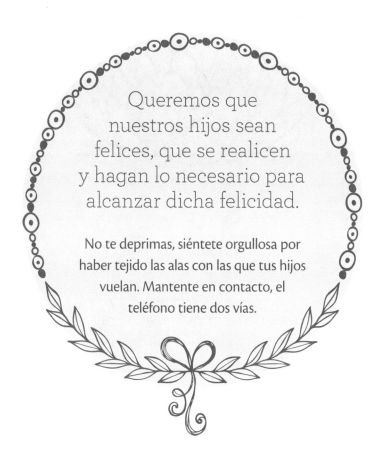

Queremos que nuestros hijos sean felices, que se realicen y hagan lo necesario para alcanzar dicha felicidad.

No te deprimas, siéntete orgullosa por haber tejido las alas con las que tus hijos vuelan. Mantente en contacto, el teléfono tiene dos vías.

¡A VOLAR!

Aunque hay muchas que sí, las mamás no queremos a un hijo parásito al que haya que amamantar toda la vida. Claro que no queda de otra más que apoyarlos, pero una cosa es eso y otra consecuentar que no hagan nada con sus vidas.

Tú los criaste para ser productivos, para ser felices. Tu guía siempre va a estar ahí para cuando la necesiten; porque si ellos toman esa decisión es porque ya están lo suficientemente maduros y eso significa que tú como mamá hiciste bien tu chamba.

RESIGNIFICARSE

A una mujer que pierde a su esposo la puedes llamar viuda; si nunca se casó: soltera; si se divorcia: divorciada. Pero a una mujer a la que se le van los hijos, ¿cómo la llamas? Hay que resignificarse.

Al irse los hijos se llevan una parte de ti, pero no todo. Ahora eres tú, con o sin pareja. No pierdes a tus hijos, sólo se van. Haz lo que quieras con tu tiempo. Como dice un dicho tibetano: «No sabemos qué va a llegar primero, otro amanecer o la siguiente vida». Entonces, a invitar a las amigas, a convertir en gimnasio esa recámara que recuperaste.

Encuéntrate A TI MISMA, a tu pareja, y disfruta antes de que TE ENCARGUEN A los nietos

TIEMPO FUERA

Es hora de hacer
planes y reencontrarte.

**Si tu hijo te dice que se va a ir a vivir con su novia
o se va a casar, porque ha encontrado a una
mujer a la que ama (otra que no eres tú):**

A Finges un ataque de tos y le dices que
te vas a morir si se va.

B Le dices que se vayan a vivir a tu casa y
fastidias a la nuera hasta que se harte.

C Lo apoyas con consejos y le dices que
aplique en su familia lo que tú le enseñaste.

Si tu hija te avisa que se ganó una beca para ir a estudiar a otra ciudad y va a estar lejos un buen tiempo:

A Te le cuelgas de la pierna al estilo de Sara García o doña Florinda.

B Finges indiferencia y cuando se va haces un drama con el resto de la familia.

C Esperas que le vaya bien y hasta le enseñas a cocinar un par de cosas.

Confía en la educación que diste a tus hijos y disfruta la vida siempre.

DIVORCIO

Nada termina

Es importante que los hijos
sepan que el rompimiento
no sucede por culpa de ellos,
que es un asunto de pareja.

Es esencial dejar claro que los niños no son responsables de que
sus padres no se entiendan, de lo contrario su autoestima queda-
rá afectada. Cuando hay hijos de por medio lo principal es que
ellos estén tranquilos, brindándoles estabilidad, mostrándoles
que sus papás son civilizados, que los problemas que tuvo el matrimonio no son de ellos y no tienen por qué saber los detalles,
y mucho menos si son menores de edad, porque no hay necesi-
dad de contaminarlos de esa manera.

Cuando una relación termina
es normal guardar rencores,
pero eso es cosa nuestra, no
debemos contaminar a los hijos.

BOQUITA CERRADA

No importan los motivos por los que un matrimonio termina, siempre queda ese mal sabor de boca en contra del papá o viceversa. Lo que debemos hacer consciente es que podemos lastimar muchísimo a nuestros hijos si nos ponemos a insultar a su papá, a decir que es lo peor, porque a final de cuentas ellos van a tener un lazo eterno, aunque no te guste, y puedes lastimar el desarrollo de los pequeños a través de la figura paterna. Él es su pilar masculino, aunque no pague a tiempo la pensión.

Cambios

Un divorcio siempre acarrea transformaciones: el papá ya no está presente, quizá se muden o vayan a otra escuela.

Es responsabilidad de ambos padres lograr que estos cambios, de por sí traumáticos para un niño, sean lo más relajados posibles. Debemos explicarles el porqué de la ruptura, sin entrar en detalles sórdidos. Los hijos deben de entender que no tienen la culpa, hay que explicarles que no es el fin del mundo y que quizá fue la mejor solución para el bienestar de todos los involucrados, y más cuando hubo violencia o infidelidad de por medio.

GUARDA TUS RENCORES

¡NUEVA VIDA!

Es cierto que hoy ser hijo de papás divorciados no es una novedad, pero eso no es un consuelo. Velo como una oportunidad para crecer.

NO ESTÁS MUERTA

Eres una mujer completa y tienes el derecho de rehacer tu vida. Si decides tener otra pareja, sólo ten cuidado.

Definitivamente, después de un rompimiento, el amor sigue siendo una posibilidad para ti. No le presentes a tus hijos a cualquiera, pues si esa nueva relación no da frutos puedes causar a tus pequeños una inestabilidad innecesaria.

Sé muy prudente, que no sientan que los estás haciendo a un lado si decides tener hijos con otra persona. Dales siempre su lugar ante tu nueva pareja, intégralos a ese nuevo mundo lleno de posibilidades.

LA OTRA

De igual manera, si el papá de tus hijos decide formar otra familia, está en todo su derecho. Claro que no puedes controlar lo que pasa en esa nueva casa, pero procura que tus pequeños estén bien centrados y con una autoestima alta. Habla con tu ex —aunque te choque— para ver siempre por el bienestar anímico, económico y emocional de sus hijos. La comunicación es primordial, pues siempre estarán unidos por un lazo sagrado, que es el amor a esos niños. Eso sí, exige siempre respeto.

TIEMPO FUERA

La realidad es dura, pero la vida no termina tras el divorcio.

Intenta mantener la cabeza fría, deja pasar un tiempo después de la ruptura para que los sentimientos se acomoden.

Escribe una carta a tus hijos en la que les expliques por qué la familia tuvo que separarse y por qué ellos serán siempre tu centro.

....

....

....

....

¿Qué vas a hacer ahora? ¿Cuáles son tus planes? Tienes todo el derecho de rehacer tu vida y ser feliz.

Haz una lista de proyectos, quizá quieras volver a la universidad, casarte de nuevo o estar soltera. Recuerda siempre que no estás sola.

....

....

....

....

Tus hijos son el grandioso fruto de un amor que quizá no funcionó, pero por ellos valió la pena.

LA ABUELA

La consentidora

Oye, dicen que los papás
educan y que los abuelos
maleducan y consienten, pero
con calma, no hay que pasarse.

Los abuelos ya cumplieron su cometido, ahora deben de disfrutar a los nietos y los nietos a los abuelos. Para las reglas y para los límites —sobre todo límites—, están los papás. Los abuelos son los consentidores —obviamente, sin poner en peligro a los niños—, los que les compran las golosinas, los que permiten un poco más de travesuras. Además, son muy importantes para la educación sentimental de nuestros hijos, para que entiendan de dónde vienen, sus raíces.

No porque la abuela sea la mamá
de mi mamá va a tener mayor
rango que los padres, es decir:
sin descalificar, por favor.

ABUE PRUDENTE

Los abuelos no deben desautorizar las reglas que ponen los
padres, no sólo porque no tienen la jerarquía en la cadena de
mando, por decirlo así, sino porque no pueden quitarles a papá
y a mamá la voz principal, pues estarían mandando señales con-
fusas a los niños, además de poner en conflicto directo a un lado
y al otro. El respeto a la autoridad de los padres estabiliza a los
pequeños. Tampoco se vale contrapuntear los conceptos edu-
cativos, religiosos ni emocionales.

Todo duele

Cuando uno es buen padre seguramente será buen abuelo y tendrá mucho agradecimiento de regreso.

Lo que sembramos toda una vida se regresa, sobre todo cuando llega la vejez. Si tus padres te criaron, trabajaron para que tuvieras una buena educación, alimento, viajes y todo lo posible, como hijo tienes que hacer cosas por ellos también, lo que necesiten. Sé agradecido. Seguro hubo veces en las que quisiste ahorcar a tus papás pero, a final de cuentas, ellos trataron de hacer lo mejor para ti. ¿Por qué no hacer lo mejor para ellos?

AMEN A LOS ABUELOS

APRENDAN DE ELLOS

Aprovéchense de los abuelos... pero en buena onda, no se vale agarrarlos de niñeros para irse de fiesta cada tercer día.

ESTAR EN PAZ

Tienes que tener la seguridad de que has hecho todo por tu papás, no sólo para no tener culpa sino para recibir lo mismo.

Cuando los abuelos ya están grandes, se necesita paciencia y una gran apertura de mente para escucharlos y atenderlos si requieren cuidados especiales. No verlos como una carga, porque uno nunca sabe si nosotros, ya viejos, vamos a estar enfermos y en una situación difícil. Te aconsejo que intentes tener un poco de dinero guardado para afrontar estas circunstancias complicadas pero inevitables. Dale a tus papás dignidad.

KARMA

Cuando eras chiquito, mamá y papá quisieron darte lo mejor, haz tú lo mismo en todos los aspectos: económico, de salud, de afecto y de buen trato. Si tus hijos ven todo lo que haces por tus padres, ellos van a hacer lo mismo por ti. Siempre. ¿Por qué? Porque tienes que predicar con el ejemplo. Si tú los tratas mal, tus hijos te tratarán mal cuando crezcan y cuando tú estés grande.

TIEMPO FUERA

Ser abuelo debe
ser lo más divertido
de este mundo.

¿Tú serías una abuelita cariñosa o de las que espantan? Es importante cuidar tu salud para que puedas jugar con los nietos.

Escribe una lista de cosas que te gustaría hacer con los hijos de tus hijos, qué historias les contarías y cómo los harías felices.

....

....

....

....

Los abuelos son un cofre lleno de experiencias, algunas coloradas y otras divertidas, ¿de cuáles tienes tú?

Abre tu ropero para ver si tienes cosas interesantes. Enumera algunos secretos de tu juventud que le contarías sólo a tus nietos.

....

....

....

....

Entre más edad más experiencia, y entre más experiencia mayor plenitud.

ERES ÚNICA

Puedes con todo

Antes de ser mamá eres
mujer, un ser independiente
que decide tener hijos pero
que está completo y pleno.

Nunca debes de descuidarte. Si de pronto te quedas sola, ya sea
por un divorcio, por viudez, porque así lo decidiste o porque los
hijos se van de casa, tú tienes que seguir fuerte y preparada. Quizá
le entregaste la vida a tus hijos, qué bueno, pero eso no es pretexto
para no seguir creciendo como mujer, ya sea académica, espiritual
o laboralmente. Además, entre mejor preparada estés, mayores
riquezas les puedes dar a tus hijos, los puedes ayudar con la tarea
y, sobre todo, les puedes mostrar diferentes puntos de vista.

Hay muchas mujeres que tienen
un hijo y adiós trabajo, adiós físico,
adiós intelecto, adiós espíritu,
se olvidan, y no está bien.

CAMINOS

Un gran número de mujeres piensan que dedicándose a sus hijos
se van a realizar, y claro, es una parte, pero pueden hacer un montón de cosas a la vez. Se vale. Otras prefieren su carrera, deciden
que un hijo puede truncar su trayectoria, y también se vale. Son
dos caminos pero no están peleados. Ser una mujer exitosa en lo
que te gusta no se contrapone con ser una mamá exitosa con
tus hijos y una esposa exitosa con tu pareja. Las mujeres somos
multifacéticas y podemos hacer de todo.

Calidad sin culpa

Hacer lo que nos gusta nos ayuda a sentirnos bien, plenas y, al mismo tiempo, a disfrutar a nuestros hijos y familia. Para todo hay tiempo.

Muchas mamás podrían sentir culpa: «No, es que cómo yo voy a regresar a trabajar teniendo hijos». Muchas mamás tienen que regresar a trabajar por cuestiones económicas. Pues sí, pero al volver a casa, lo ideal es dedicar aunque sea dos o tres horas de tiempo de *calidad* a los hijos, y con eso no te va a entrar ningún tipo de culpa porque estás con ellos, porque tus hijos se sienten amados, se sienten atendidos.

PIENSA EN EL FUTURO

¡PERO DE VERDAD EN EL FUTURO!

No en el mes entrante sino en diez años. Medita sobre quién serás y a qué te vas a dedicar. ¿Sólo a cuidar nietos?

Si te hace sentir bien regresar a trabajar, hacer ejercicio o ponerte a dieta, hazlo. Pero sé feliz con lo que eres.

Muchas pueden tomar como pretexto el hecho de tener hijos para ya no hacer otra cosa, pero por el contrario, esos pequeños deben ser tu motivación para ser un mejor ser humano en todos los aspectos. Cada quien tiene sus tiempos y su estilo para hacer las cosas. No tengas prisa por hacer o por no hacer, disfruta el día de hoy pero sembrando para el mañana. Verás que en algunos años cosecharás los frutos de la mujer que hagas de ti misma.

LO FÍSICO

Para ciertas personas sí puede ser relevante, pero es importante atenderlo simplemente por salud, para no ser viejitas achacosas. El aspecto físico para una persona que se dedica a los medios de comunicación, como yo, por ejemplo, sí es importante. Si tú estás bien como estás, perfecto, pero cuidado con el autoengaño, ese bienestar debe de ser sincero y no un pretexto para tirarte siempre al piso. Insisto, no tienes que ser la chica *fit* si no quieres, pero sí cuida tu salud.

Seguro
no tienes el
mismo cuerpazo
que tenías a los 20, está
bien, el cambio es la única
constante en el universo.

Al pasar el tiempo es más difícil recuperar
la figura y bajar unos kilitos, pero
nunca es tarde para hacerlo, y
eso aplica para todo.

MENTE Y ESPÍRITU

Cultivar tu mente y tu espíritu es igual de importante. Emocionalmente, te ayuda a madurar, a enfrentar las nuevas situaciones que se te presenten y a apoyar a tus hijos cuando tengan conflictos. Profesionalmente, es importante que los hijos te admiren como mamá, que te admire tu pareja, que tú te admires viéndote en el espejo con una sonrisa. Tus hijos ven todo eso y saben que si su mamá es exitosa y está realizada también ellos tienen el mismo potencial.

BUEN LEGADO

En parte, la felicidad es hereditaria, no en el aspecto genético, claro, pero sí en el metafórico, porque si los niños ven felices a papá y mamá, ellos también lo van a ser. De la misma forma son hereditarios el estado de ánimo y la actitud, porque uno nunca sabe lo que va a pasar en la vida, sin embargo, una sonrisa tuya puede cambiar la manera en la que tus hijos afrontan un dilema. Imagina la diferencia que implica que tu mamá te levante de la cama con una sonrisa o que te pare a cinturonazos.

DALE A TUS **HIJOS** la mejor versión de **ti misma**

TIEMPO FUERA

Eres valiosa por ti
misma y eso lo
ven tus hijos.

Mírate al espejo y piensa en las cosas que deseabas antes de ser mamá. ¿Lograste tus metas? ¿Eres quien tú querías?

Quizá sólo es cuestión de eliminar las escusas para crecer. Haz una lista de los pretextos que te has puestos y cómo eliminarlos.

....

....

....

....

Bueno, bueno... Ya estamos aquí, ¿ahora qué?, ¿para dónde? Pensemos en los siguientes cuatro años de manera realista.

Haz un calendario de metas y sus fechas para cumplirlas y pégalo aquí. Hay que cumplir sueños, pero no sólo soñar, sino hacer.

....

....

....

....

Comprométete contigo misma y tus pequeños verán a la supermamá.

¡CONFÍA
EN TI!